Das »Dhammapada« (›Der Wahrheitspfad‹) ist die weltweit bekannteste und beliebteste Schrift des Buddhismus und wird oft auch als die ›Bibel‹ dieser spirituellen Tradition bezeichnet. Aus dem frühbuddhistischen Theravāda, der Lehre der »Älteren«, stammend, genießt dieser Text in allen Schulrichtungen des Buddhismus größte Hochachtung, und es gibt keine andere buddhistische Schrift, die so häufig übersetzt wurde wie das »Dhammapada«.

Der ›Wahrheitspfad‹, dessen Urheberschaft dem historischen Buddha Gautama selbst zugeschrieben wird, ist Bestandteil des »Khuddaka-Nikāya«, der »Kurzen Sammlung« der Lehren des Buddha im Pāli-Kanon. In 423 epigrammatischen Sprüchen faßt er die Grundprinzipien des vom Buddha gewiesenen Pfades zur Wahrheit und zur Befreiung aus dem leidvollen Kreislauf der Existenzen zusammen und gibt praktische Ratschläge und Wegweisungen für den Alltag. Er ist nicht zuletzt deshalb so beliebt, weil er einer der zugänglichsten Basistexte des Buddhismus ist. Hier geht es nicht um die differenzierte Erörterung spezieller meditativer Erfahrungen oder um deren philosophische oder psychologische Untermauerung, sondern vorwiegend um elementare Lebensweisheiten und einfache Verhaltensregeln für jeden, der den ›Weg des Buddha‹ beschreiten will. Und trotz seiner Schlichtheit ist der Text von großer Tiefe – enthält er doch die Quintessenz der gesamten Buddha-Lehre.

Der Herausgeber hat das »Dhammapada« aus dem Pāli übertragen und auf eine bisher noch nicht dagewesene Weise kommentiert: indem er die Aussagen dieses Textes in einer Fülle von Zitaten aus der späteren buddhistischen Literatur, aber auch aus anderen religiösen Traditionen spiegelt, erläutert er ihn nicht nur, sondern läßt zugleich seinen universalen Charakter als eines der großen Weisheitsbücher der spirituellen Weltliteratur aufscheinen.

Thomas Cleary promovierte in Ostasiatischen Sprachen an der Harvard Universität und lehrte asiatische Philosophie an Universitäten in den USA und in Japan, u.a. an der renommierten Kyōto-Universität. Er gilt als der führende moderne Übersetzer buddhistischer und daoistischer Klassiker, und etliche seiner Übersetzungen sind auch in deutscher Übertragung erschienen. Im Fischer Taschenbuch Verlag erschien von ihm bisher ›Die Drei Schätze des Dao‹ (Bd. 12899).

Thomas Cleary (Hg.)

Dhammapada

Die Quintessenz der Buddha-Lehre

Aus dem Amerikanischen von
Michael Wallossek

Fischer
Taschenbuch
Verlag

Spirit
Herausgegeben von
Stephan Schuhmacher

Deutsche Erstausgabe
Veröffentlicht im Fischer Taschenbuch Verlag GmbH,
Frankfurt am Main, April 1997

Die amerikanische Originalausgabe erschien
unter dem Titel »The Dhammapada. Sayings of Buddha«
im Verlag Bantam Books, New York

Satz: Fotosatz Otto Gutfreund GmbH, Darmstadt
Druck und Bindung: Clausen & Bosse, Leck
Printed in Germany
ISBN 3-596-13156-1

Gedruckt auf chlor- und säurefreiem Papier

Inhalt

Einführung: Unterwegs zur Magischen Stadt – ein Weg zu innerem Frieden

Nach innerem Frieden zu suchen gehört zu den ältesten Bestrebungen der Menschheit. Das Auf-der-Suche-Sein nach Gelassenheit und Unabhängigkeit – ein Phänomen, das vielleicht unweigerlich mit Bewußtsein einhergeht – hat die überragenden Denker der gesamten uns bekannten Menschheitsgeschichte beschäftigt. Derart real und vordringlich stand offenbar den frühen Denkern ihr Bedürfnis nach innerem Frieden vor Augen, daß sich in den Gesellschaften des Altertums Lehren über geistige Freiheit und entsprechende Techniken zugleich mit den materiell nutzbaren Technologien entwickelt haben.

Das *Wenzi*, ein uraltes chinesisches Buch, beschreibt den Ursprung und die Entwicklung der komplizierter werdenden menschlichen Psyche in verschiedenen Abstufungen. Zunächst »war es noch nicht zum Verlust der reinen Einfachheit gekommen; daher waren alle Wesen sehr entspannt.« Als die Gesellschaft aus diesem ursprünglichen Zustand herausfiel, »gab es das Erwachen eines von Absichten geleiteten Bestrebens. Die Menschen befanden sich auf der Schwelle zwischen dem Verlust ihres unschuldigen Geistes und einem bewußten Verständnis des Universums.« Schließlich »hatten sich alle Menschen aufgerichtet, und denkend hielten sie der Belastung durch visuelle und akustische Sinneseindrücke stand.« Letzten Endes »entwickelten sie sich dahingehend, daß sie an den Dingen Geschmack fanden und ihr Begehren auf diese richteten, und ihr Erkenntnisvermögen wurde von Äußerlichkeiten in die Irre geführt. Die Ursprünglichkeit des Lebens war nicht länger eine reale Gegebenheit«.

Ein uraltes indisches Buch, das *Dashabhūmika-Ishvara*, gibt uns eine noch lebendigere und anschaulichere Schilderung dieser über die Menschheit gekommenen geistigen Gebrechen, die in der Folgezeit nicht aufhörten, Angst, Zwistigkeit, unrechtmäßige Übergriffe und alles andere hervorzubringen, was wir als verderblich und nicht wünschenswert ansehen:

Aufgrund des andauernden Rückfalls
in irrige Anschauungen,
aufgrund eines durch die Finsternis der Ignoranz
verdunkelten Geistes,
aufgrund von aufgeblasenem Stolz,
aufgrund von Vorstellungen,
aufgrund eines auf Begierden fixierten,
im Netz von sehnlichem Verlangen gefangenen Geistes,
aufgrund von Hoffnungen, denen man
mit Handlungen nachjagt, durch die man sich in ein Gewirr
aus Täuschung und Unwahrheit verstrickt,
aufgrund von Missetaten, die mit Neid und Eifersucht
verknüpft sind und weltliche Aufgeregtheit hervorbringen,
aufgrund so vieler Handlungen, die auf heftigen Emotionen
beruhen, von Haß und Torheit erfüllt sind,
aufgrund eines hitzigen Gemüts,
angefacht von Ärger und Unwillen,
aufgrund des Sich-Einlassens auf Handlungen,
befangen in Täuschung,
aufgrund dessen, was als Samen im Geist, im Intellekt

und im Bewußtsein angelegt ist,
sind sie an die Ströme von
Wollust, Existenz und Unwissenheit gebunden.

Zahllose theoretische und praktische Systeme wurden von den Menschen des Altertums ersonnen, um dem immer offensichtlicheren Anwachsen von negativen Begleiterscheinungen zu begegnen, die mit der zunehmenden Komplexität des menschlichen Geistes und der menschlichen Gesellschaften einhergingen. Das breite Spektrum dieser Systeme schloß selbst solche krassen Vorgehensweisen mit ein wie die totale Leugnung und Verneinung der gewöhnlichen Lebenswirklichkeit; zahlreiche andere, auch wenn sie offenbar weniger extrem waren, erwiesen sich als ebenso nutzlos wie das Leugnen und Verneinen.

Über Jahrhunderte, ja Jahrtausende hinweg sind unzählige Wege zu innerem Frieden ausprobiert, aufgegriffen, adaptiert und fallengelassen worden. Ein umfangreicher Wissensschatz, anfangs mündlich übermittelt, später dann niedergeschrieben, wurde durch diese seit undenklichen Zeiten betriebene Suche zutage gefördert.

Ein besonders hoch angesehenes unter diesen Büchern heißt *Dhammapada*, »Der Wahrheitspfad« oder »Darlegungen der Grundwahrheit«. Es ist eine populäre Sammlung von Äußerungen über den Weg zu innerem Frieden. Sie sind den Lehrreden des Gautama Buddha entnommen, der etwa fünfhundert Jahre vor Christus lebte. Von Gautama heißt es, er habe vollkommene Geistesruhe erreicht. Er soll neunundvierzig Jahre darauf verwandt haben, von Ort zu Ort zu wandern, um anderen zu vermitteln, wie sie ebenfalls zu Gelassenheit und Unabhängigkeit gelangen können.

Das *Dhammapada* ist einer der ältesten und beliebtesten Klassiker des frühen Buddhismus: als Anthologie dessen, was der Buddha darlegte, entstammt es dem altehrwürdigen Pāli-Kanon, einer der großartigen Sammlungen buddhistischer Primärliteratur. Der Originaltext besteht aus 423 Epigrammen, die in sechsundzwanzig Kapitel gruppiert sind. Das *Dhammapada*, bekannt für seine Einfachheit und leichte Lesbarkeit, ist wohl der beste Leitfaden zu den Grundgedanken des Buddhismus, den man überhaupt finden kann.

Der buddhistischen Überlieferung zufolge waren zu Zeiten des Buddha mehr als sechzig verschiedene weltanschauliche Strömungen verbreitet; zumindest sechs von ihnen waren vergleichsweise bedeutend und wohlbekannt. Zwar wandte er sich in einer Sprache, die der Kultur seiner Zeit gemäß war, gleichermaßen an Einsiedler, die im Wald lebten, an die dörfliche Bevölkerung wie auch an Adelige, Würdenträger und Priester, doch ließ er weder die Autorität der Tradition gelten, noch billigte er irgendeine der theoretischen Positionen des neuen Zeitalters. Dadurch, daß er für Ethik und Spiritualität entscheidende Begriffe neu definierte, brachte der Buddha eine einzigartige Lehre hervor, die nicht einfach nur eine natürliche Ausdrucksform ihres gesellschaftlichen Umfeldes war. Ebensowenig war sie eine isolierte Außenseiterposition oder »Gegenkultur«.

Buddhas Unterweisungen handelten nicht von Ritual oder Dogma, da er ja in Abrede stellte, daß diese zu Freiheit und Erleuchtung führen könnten. Er versagte dem uralten arischen Kastensystem die Anerkennung, das in weit zurückliegender Vergangenheit entstanden war, um gesellschaftliche Arbeitsteilung zu ermöglichen, jedoch unter dem späteren arischen Imperialismus einen repressiven Charakter angenommen hatte. Buddha teilte auch nicht die Vorliebe der alteingesessenen Priesterschaft für die Pflege kultischen Zeremoniells; er verzichtete auf die hieratisch verschlüsselten Sprachcodes der brahmanischen Priester und sprach mit

Menschen aus allen Lebensbereichen in ihrer eigenen, regional gefärbten Sprache.
Der persönliche Durchbruch des Buddha in der ohnehin schon hochentwickelten Praxis und Psychologie des Yoga – der selbst in einer Umgebung, wo man gewohnt war, sehr viel Energie in die spirituelle Entwicklung zu stecken, ohne Beispiel war – ist als wahre Großtat anzusehen. Wie man weiß, haben sich damals ganze Gruppen von Yogis und Asketen von ihren bisherigen okkulten Praktiken abgewandt und sich – angezogen von der vollendeten Gelassenheit und Klarheit, die den Weg des Buddha auszeichnet – auf den buddhistischen Schulungsweg begeben.
Die Lehren des Buddha wurden niemals in einer einzigen einheitlichen Überlieferung zusammengefaßt; vielmehr hat es offenbar zwei Hauptströmungen gegeben, von denen jede wiederum eine lebendige Vielfalt von Unterströmungen in sich vereinte. Die eine Strömung, eine mündliche Überlieferung in lokalen Dialekten, wurde unter den Bettelmönchen fortgeführt, während eine umfassendere und vielgestaltigere schriftliche Überlieferung, die nichtsdestoweniger auch die wesentlichen Lehren der mündlichen Überlieferung beinhaltete, von denjenigen weitergegeben wurde, die als *Dharmadhara* oder »Halter der Lehre« bekannt sind.
Die mündliche Überlieferung wurde schließlich unter Verwendung des Pāli, einer neuentwickelten literarischen Sprache, niedergeschrieben. Sie basierte auf der Zusammenfassung derjenigen Sprachen durch ein einheitliches Regelwerk, die der Buddha, seine Schüler und die frühen Buddhisten in den unterschiedlichen Gemeinschaften gesprochen hatten. Die zahlreichen Lehrreden des Buddha in dieser mündlichen Überlieferung illustrieren auf wunderschöne Weise die tiefe Abgeklärtheit und unwandelbare Würde dieser Religion des Friedens. Im Mittelpunkt der Unterweisungen stehen die

Meisterung und Läuterung der selbstbezogenen Tendenzen, charakterliche Stärke und Besonnenheit und das letztendliche Erreichen von Freiheit und Unabhängigkeit.

Im Gesamtkontext des Buddhismus bezeichnet man das in den Unterweisungen des *Dhammapada* skizzierte Voranschreiten zu individueller Befreiung und Geistesruhe als den »Kleineren Weg«. Dessen Ziel – Nirvāna – nennt man die Magische Stadt. Von dort aus eröffnet sich eine neue Perspektive: Der »Größere Weg«, dessen Ziel – erleuchtetes Wissen und erleuchtete Einsicht – man das Kostbare Land nennt. Befindet man sich erst einmal in diesem Bereich des Bewußtseins, tritt der letztendliche Weg zutage: Dieser wird als Tantra bezeichnet, als die Fundamentale Kontinuität, in der Himmel und Erde vereint sind.*

Ob man schließlich das Ende dieses Weges erreicht und ob der spirituelle Entwicklungsstand desjenigen, der den Weg beschreitet, auf sicherer Grundlage ruht – dies ist abhängig von der Einsicht, Gelassenheit und Geduld, die beim Zurücklegen des Kleineren Weges erworben wurden. Wer sich zum Größeren Weg oder zur Fundamentalen Kontinuität vorzuwagen versucht, ohne zuvor auf dem Kleineren Weg die notwendigen spirituellen und moralischen Schutzvorkehrungen getroffen zu haben, gefährdet sich selbst und auch diejenigen, mit denen er oder sie Umgang pflegt. Solche Menschen geraten ebenso sicher in Stagnation wie diejenigen, die irgendwo auf dem Weg stehenbleiben.

Dem *Saddharmapundarīka-Sūtra* zufolge verließ eine große Zahl von Menschen, die glaubten, sie hätten bereits endgültige Erlösung erreicht, pikiert die Versammlung, als der Buddha erstmals etwas über den Größeren Weg verlauten

* Die in der buddhistischen Literatur geläufigeren Bezeichnungen für diese drei Wege sind »Kleineres Fahrzeug« (*hīnayāna*), »Großes Fahrzeug« (*mahāyāna*) und »Diamantfahrzeug« (*vajrayāna*). (A. d. Red.)

ließ und den vorbereitenden Charakter des Kleineren Weges enthüllte. Wenngleich es sich hier um eine symbolisch zu verstehende Geschichte handelt, so wird uns doch auch von historischer Seite bestätigt, daß es unter den Anhängern des Buddhismus schon sehr früh Splittergruppen gab, die die Lehren vom Größeren Weg ablehnten und starr an ihrer eigenen Auslegung festhielten, Nirvāna sei das höchste Ziel. Weil sie den Kleineren Weg als etwas isoliert für sich Bestehendes deuteten, entwickelten sie auch Ansichten und Praktiken, die sich vom Gesichtspunkt des Größeren Weges aus als steril und sogar als makaber erwiesen.

Die hier vorliegende Übersetzung und Darstellung der Unterweisungen des Buddha über den Weg zu innerem Frieden aus dem berühmten *Dhammapada* wurde aus dem Blickwinkel des Größeren Weges vorgenommen und stellt so das im buddhistischen Gesamtkontext ursprünglich vorliegende Gleichgewicht wieder her. Sie macht Schluß mit der überheblichen und pessimistischen Haltung, in der – damals wie heute – diejenigen dem Buddhismus des Kleineren Weges entgegentreten, die ihn außerhalb seines Kontextes als etwas an sich, aus sich und für sich selbst Bestehendes betrachten.

Zur Erleichterung des Verständnisses hat der Herausgeber den sechsundzwanzig Kapiteln jeweils eine kurze Einführung vorangestellt und danach von Fall zu Fall Anmerkungen und Kommentare in den Text eingeschoben, die durch eine serifenlose Schrift vom Haupttext abgehoben sind.

Gegenüberstellungen

Dieses erste Kapitel bietet seine Unterweisungen in Versfolgen an, in denen gute und schlechte Gewohnheiten einander gegenübergestellt und auf diese Weise die Ursachen für Freude und Leid miteinander verglichen werden. Lauterkeit des Geistes, Selbstbeherrschung, Mäßigung, Freisein von Boshaftigkeit, akkurates Denken, Lauterkeit des Handelns und Engagiertheit in praktischen Dingen werden als gute Gewohnheiten gerühmt; im Gegensatz zu geistiger Unlauterkeit, Hegen von Groll, Haß, Trägheit, Zügellosigkeit, fehlerhaftem Denken, verderbtem Handeln und Unachtsamkeit.

1. Alles geschieht unter der Führung des Geistes, hat den Geist zuvorderst, alles wird vom Geist hervorgebracht. Wer mit unlauterem Geist spricht oder handelt, den verfolgt das Unglück auf Schritt und Tritt so, wie das Wagenrad dem Fuß des Zugochsen folgt.
2. Alles geschieht unter der Führung des Geistes, hat den Geist zuvorderst, alles wird vom Geist hervorgebracht. Wer mit lauterem Geist spricht oder handelt, dem folgt das Glück wie ein Schatten, der einem niemals von der Seite weicht.

Im buddhistischen *Mahāparinirvāna-Sūtra*, der »Schrift über das absolute Nirvāna«, heißt es: »Seid Herr über den Geist, laßt euch nicht vom Geist beherrschen.«

3. »Er hat mich beschimpft; er hat mich verletzt; er hat mich hintergangen; er hat mich benachteiligt.« In denen, die solchen Groll hegen, verlischt der Haß niemals.
4. »Er hat mich beschimpft; er hat mich verletzt; er hat mich hintergangen; er hat mich benachteiligt.« In denen, die solchen Groll nicht hegen, verlischt schließlich der Haß.

Das buddhistische *Sandhinirmochana-Sūtra*, die »die Geheimnisse enthüllende Schrift«, legt dar, daß illusionäre Vorstellungen die Folge des Festhaltens an einer eingebildeten, unter dem Einfluß »der einlullenden Wirkung von Worten« formulierten Wirklichkeit sind: der gewohnheitsbildenden Wirkung, die das endlose Wiederkäuen von mentalem Geschwätz auf den wahrnehmenden und denkenden Geist ausübt.

5. Nie im Leben verlöschen Haßgefühle dadurch, daß man Haß empfindet; vielmehr tun sie dies dadurch, daß man keinen Haß empfindet; das ist eine unabänderliche Wahrheit.

Ein Sprichwort im Zen-Buddhismus besagt: »Gedanken hervorzurufen ist ein Gebrechen; sie nicht aufzugreifen das Heilmittel.«

6. Andere sind sich nicht dessen bewußt, daß wir von hier fort müssen; doch bei denen, die sich dessen bewußt sind, kommt Streitlust dadurch zum Erliegen.

Die Besinnung auf die Vergänglichkeit wird traditionell als besonders leichter Weg empfohlen, um die Inspiration und den Willen zur Befreiung und Erleuchtung zu erwecken.

7. Jemand, der lebt, als seien die weltlichen Dinge rein, der seine Sinne nicht hütet und seinen Appetit nicht zügelt, der träge und schwach ist, wird von heilloser Verwirrung

übermannt wie ein schwacher Baum, den der Wind umbläst.

In der buddhistischen Überlieferung ist hauptsächlich von vier Arten heilloser Verwirrung die Rede:

a) heillose Verwirrung durch Leid (die sechs Hauptursachen von Leid sind Gier, Haß, Verblendung, Eitelkeit, Zweifel und eine je nach Laune schwankende Meinung);
b) heillose Verwirrung durch Form, Empfindung, Begreifen, aktive Gestaltung und Bewußtsein;
c) heillose Verwirrung durch den Tod;
d) heillose Verwirrung durch Manipulation der Sinneserfahrung.

8. Jemand, der lebt, als seien die weltlichen Dinge unrein, der seine Sinne hütet und seinen Appetit zügelt, der eifrig und gewissenhaft ist, wird nicht von heilloser Verwirrung übermannt werden – wie ein in die Höhe ragender Fels, den der Wind nicht erschüttern kann.
9. Jemandem, der die safranfarbene Robe tragen will, ohne von Unlauterkeit frei zu sein, fehlt es an Selbstbeherrschung, und er ist nicht glaubwürdig, verdient demnach die safranfarbene Robe nicht.

Die safranfarbene Robe war ein Symbol für den weltentsagenden Buddhisten, der abgelegte Kleidungslumpen sammelte, sie wusch, zu einer Körperbedeckung zusammennähte und sie in einem einheitlichen Farbton färbte. Offensichtlich kam es schon zur Zeit des Buddha vor, daß die safranfarbene Robe heuchlerisch als eine Art Tarnung eingesetzt wurde.

10. Jemand, der alle Verderbtheit aus sich herausgespien hat und sich auf eine moralisch einwandfreie Lebensführung konzentriert, besitzt Selbstbeherrschung und ist glaubwürdig, verdient demnach die safranfarbene Robe.

11. Diejenigen, die das Unwirkliche für wirklich halten und das Wirkliche als unwirklich ansehen, können nicht das Wirkliche erreichen, da sie sich im Bereich fehlerhaften Denkens befinden.
12. Diejenigen, die wissen, daß das Wirkliche wirklich ist, und die das Unwirkliche als unwirklich ansehen, kommen zum Wirklichen, da sie sich im Bereich richtigen Denkens befinden.

Richtige Wahrnehmung wie auch richtiges Denken sind Bestandteil des achtfachen Pfades, den der Buddha als Weg zu wirklicher Befreiung empfohlen hat.

13. So wie in ein Haus mit schlecht gedecktem Dach Regen einsickert, dringt Leidenschaft in einen ungeübten Geist ein.
14. So wie in ein Haus mit gut gedecktem Dach kein Regen einsickern kann, kann Leidenschaft nicht in einen geübten Geist eindringen.

Buddhistische Texte gebrauchen gewöhnlich die Metapher, der Geist müsse behütet oder beschützt werden, um das Eindringen von Einflüssen zu verhindern, die ihn anfällig machen für Irreführung und Zwang.

15. Jemand, der Übles tut, leidet in dieser Welt und nach dem Tod, ist hier wie da betrübt. Sobald er die verderbliche Wirkung der eigenen Handlungen erkennt, quälen ihn Kummer und Sorgen.
16. Jemand, der Gutes tut, ist glücklich in dieser Welt und nach seinem Tod, hier wie dort ist er glücklich. Wenn er die Lauterkeit der eigenen Handlungen erkennt, ist er glücklich und voller Freude.
17. Jemand, der Übles tut, leidet in dieser Welt und nach dem Tod Reue, er leidet also Reue hier wie dort. Er lei-

det Reue, weil er weiß, daß er falsch gehandelt hat, und er leidet noch mehr, nachdem er in einen elendiglich qualvollen Daseinszustand hineingeraten ist.

18. Jemand, der Gutes tut, erfreut sich an dieser Welt, und er freut sich nach dem Tod, hier wie dort ist er voller Freude. Er freut sich, weil er weiß, daß er Gutes getan hat, und er freut sich noch mehr, nachdem er erst einmal in einen glückseligen Daseinszustand gekommen ist.

Buddhisten sehen es als unverrückbares Seinsgesetz an, daß wir – auf individueller und kollektiver Ebene – die Resultate unserer individuell und kollektiv ausgeübten Handlungen erfahren; buddhistische Begriffe von Moral und Verantwortung basieren auf diesem Kausalgesetz.

19. Auch wenn jemand viel über das redet, was von Nutzen ist: Falls er es nicht in die Tat umsetzt, läßt er außer acht, worauf es ankommt, wie ein Hirte, der den Viehbestand von anderen zählt; an Spiritualität hat er nicht teil.

20. Auch wenn jemand über das, was von Nutzen ist, kaum redet, sich jedoch nach der Wahrheit richtet, ist er wahrheitsliebend; sofern er Wollust, Haß und törichtes Handeln aufgegeben hat, zu richtigem Verständnis fähig ist, in der ungehinderten Offenheit des Geistes verweilt, nicht an dieser noch an der nächsten Welt hängt, hat er an Spiritualität teil.

Das *Avatamsaka-Sūtra*, die »Schrift des Blütenornaments«, vergleicht diejenigen, die nicht selbst in die Tat umsetzen, was sie predigen, mit geizigen Buchhaltern, tauben Musikern und blinden Malern.

Wachsamkeit

In diesem Kapitel richtet sich das Augenmerk darauf, wie verdienstvoll Wachsamkeit ist und wie tadelnswert Nachlässigkeit und Achtlosigkeit sind. Wachsamkeit bedeutet, sich in nicht nachlassendem Gewahrsein seiner selbst, der Wahrheit und Wirklichkeit zu üben, den Stumpfsinn der Achtlosigkeit abzuwerfen, um in zweckmäßiger Weise auf die tatsächlichen Gegebenheiten einwirken zu können.

1. Wachsamkeit ist das Reich der Unsterblichkeit; Nachlässigkeit ist das Reich des Todes. Menschen, die wachsam sind, sterben nicht; Menschen, die nachlässig sind, sind wie tot.

Die Wachsamen »sterben nicht«, weil sie auf die objektive Realität eingestimmt sind, die ewig ist; sie sind nicht auf subjektive Borniertheit fixiert, die vergänglich ist.

2. Die Weisen genießen es angesichts ihrer gründlichen Kenntnis der Wachsamkeit, wachsam zu sein, und finden Freude im Reich der Edlen.

»Edel« bezieht sich im buddhistischen Sprachgebrauch eher auf das Erreichen von Charakterstärke und Weisheit als auf einen von Geburt an durch Erbfolge übernommenen Status.

3. Meditativ, beharrlich, stets gewissenhaft danach strebend, erreichen die Verständigen Nirvāna, höchsten Frieden.

Nirvāna (Pāli: *Nibbāna*) bedeutet »Verlöschen«, womit das Verlöschen von Leiden (die zuvor erwähnten: Gier, Haß, Verblendung, Eitelkeit, Zweifel und eine je nach Laune schwankende Meinung) gemeint ist. Das *Sandhinirmochana-Sūtra* spricht vom »Nirvāna unbewegter Ruhe« als »der höchsten Zuflucht in der Not«. Es wird ferner als Nektar oder Ambrosia der Unsterblichkeit bezeichnet, als das Elixier, das dem individuellen menschlichen Geist die ungeheure Endlosigkeit des Größeren Weges erträglich macht.

4. Tatkräftig, umsichtig, fehlerlos in der Ausführung, sorgfältig im Handeln, selbstbeherrscht, in Übereinstimmung mit der Wahrheit lebend, gewinnt der Wachsame an Wertschätzung.
5. Durch Tatkraft, Wachsamkeit, Beherrschung und Meisterung seiner selbst vermag der Weise eine Insel zu schaffen, welche die Flut nicht mit sich fortreißen kann.
6. Narren, Menschen ohne Verstand, geben sich der Achtlosigkeit hin. Der Weise hingegen achtet auf Wachsamkeit wie auf den größten Reichtum.
7. Gebt euch nicht der Nachlässigkeit hin, laßt euch nicht auf Vertraulichkeiten mit der Anhaftung an Begierde ein. Der wachsame, meditative Mensch gewinnt großes Glück.
8. Wenn der Verständige Achtlosigkeit durch Wachsamkeit vertreibt und die Festung der Einsicht erklimmt, bestaunt er, von Sorgen frei, die sorgengeplagte, unwissende Menge zu seinen Füßen, so wie jemand von einem Berggipfel aus die Menschen weit unten im Tal erblickt.

Buddhisten auf dem Größeren Weg werden stets davor gewarnt, sich von dem hier beschriebenen Zustand so sehr berauschen zu lassen, daß sie Erbarmen und Mitgefühl für andere verlieren. Diese als ernste Gefahr gebrandmarkte

Berauschung wird als der tiefe Abgrund der Befreiung bezeichnet.

9. Wachsam unter den Achtlosen, wach unter den Schlafenden übernimmt der Weise die Führung wie ein Rennpferd, das einen klapprigen Gaul hinter sich zurückläßt.
10. Durch Wachsamkeit wurde Indra zum höchsten unter denen, die zu Gottheiten erhoben wurden. Wachsamkeit preist man; Achtlosigkeit wird stets mißbilligt.
11. Der Bettelmönch, der an der Wachsamkeit seine Freude hat und die Achtlosigkeit fürchtet, kommt wie ein Feuer daher, dessen Flammen subtile und grobe Unfreiheit verzehren.
12. Der Bettelmönch, der an der Wachsamkeit seine Freude hat und die Achtlosigkeit fürchtet, kann vom Weg nicht mehr abkommen, da er Nirvāna bereits nahe ist.

Geist

Dieses Kapitel beschreibt die Unstetigkeit des noch nicht stabilisierten Geistes und die Notwendigkeit seiner Stabilisierung, damit man überhaupt einer Erkenntnis der Wahrheit standhalten kann. Stabilisierung wird durch wachsames Beobachten des Geistes herbeigeführt, um ihn so vor der Zerstreuung durch ziellos umherirrende Gedanken zu bewahren. Diese Wachsamkeit wird dadurch entwickelt, daß man sich die Konsequenzen, gute wie schlechte, für die geistige Hygiene vergegenwärtigt, die aus seiner Pflege beziehungsweise aus seiner Vernachlässigung erwachsen.

1. Der Geist ist ruhelos, unstet, schwer im Zaum zu halten, schwer zu kontrollieren. Der Verständige richtet ihn so gerade, wie ein Pfeilmacher einen Pfeil ausrichtet.
2. Wie ein Fisch außerhalb des Wassers, gestrandet auf trockenem Land, zappelt dieser Geist umher in seinem Versuch, dem Bereich heilloser Verwirrung zu entkommen.
3. Der Geist ist wechselhaft, kaum in die Schranken zu weisen, er läßt sich nieder, wo es ihm beliebt. Es ist gut, diesen Geist zu beherrschen; ein disziplinierter Geist bringt Glück.
4. Laßt den Verständigen über den Geist wachen, der so schwer zu erfassen, der so kunstfertig ist, sich niederläßt, wo es ihm beliebt; ein wachsam behüteter Geist bringt Glück.

5. Der Geist schweift in weite Ferne, agiert von allein, ist nicht greifbar und geistert in einer Höhle herum; diejenigen, die ihn kontrollieren, entrinnen den Fesseln heilloser Verwirrung.

Der Geist »geistert in einer Höhle herum«: in dem Sinn, daß er am Körper als »Ich« haftet und seine subjektive Sicht der Welt für die Welt selbst hält.

6. Für den Wachsamen, dessen Geist nicht der Leidenschaft unterliegt, dessen Gedanken ungetrübt sind, der Tugend ebenso aufgegeben hat wie Sünde, gibt es keine Furcht.

Tugend ebenso wie Sünde aufgeben bedeutet, jeden Drang zu verwerflichem Handeln abzulegen und sich von der Erwartung, Rechtschaffenheit entgolten zu bekommen, zu lösen. Der japanische Zen-Meister Bu'nan hat davor gewarnt, daß manche Leute, wenn sie etwas über Freisein von Gut und Böse hören, annehmen, dies bedeute, Böses zu tun und dabei zu glauben, dies sei etwas Gutes.

7. Indem du weißt, daß der Körper wie ein Wasserkrug ist, und indem du den Geist wie eine Festung herrichtest, bekämpfe die heillose Verwirrung mit der Waffe der Einsicht. Sichere, was du gewonnen hast, ohne daran festzuhalten.

Durch das Festhalten an spirituellen Errungenschaften legen wir uns ebenfalls Fesseln an. Der klassische Zen-Meister Baizhang bezeichnet dies als das »Leiden daran, daß die Religion Staub angesetzt hat«. Ein Zen-Sprichwort besagt: »Die Kriegsbeute geht beim Feiern verloren.«

8. Dieser Körper, ach, wird bald schon auf dem Erdboden liegen, ohne Bewußtsein, abgelegt wie ein nutzloses, morsches Stück Holz.

9. Was auch immer ein Feind einem Feind antun mag und was auch immer der Haßerfüllte dem Haßerfüllten antun mag – in fehlgeleiteter Absicht bewirkt der Geist noch Schlimmeres als das.

   Die hier zugrundeliegende Idee ist, daß die Menschen normalerweise fürchten, durch andere Schaden zu nehmen, ohne in entsprechender Weise in Betracht zu ziehen, wieviel Schaden sie sich selbst zufügen.

10. Was selbst eine Mutter, ein Vater oder irgendein anderer Verwandter nicht bewerkstelligt – ein richtig angeleiteter Geist vermag es, besser sogar.

   Ähnlich ist die hier zugrundeliegende Idee, daß die Menschen sich normalerweise für ihr Wohlergehen auf andere verlassen, ohne in entsprechender Weise in Betracht zu ziehen, was sie selbst für sich tun müssen bzw. tun sollten. Mitgefühl für andere ist wertlos, sofern man nicht zunächst einmal imstande ist, sein eigenes Leben zu meistern.

Blumen

Der Titel dieses Kapitels steht für die Angelegenheiten der Welt: Mit ihnen können wir achtlos umgehen, als handele es sich um wertlosen Plunder, wenngleich die Stunde unseres Todes leise herannaht; oder wir können von ihnen, falls wir ihren Wert erkennen, achtsam und in konstruktiver Weise Gebrauch machen, um die Welt zu verschönern. Noch vorzüglicher als die Buntheit und der Duft der Welt, so heißt es in den Aphorismen weiterhin, ist charakterliche Vortrefflichkeit. Durch diese kann man wie ein vollkommener Lotos werden, der aus dem Schlamm hervorsprießt.

1. Wer wird diese Erde und diese Welt des Todes mit ihren Göttern überwinden? Wer wird treffend formulierte Worte der Wahrheit so auswählen, wie der Kenner Blumen zusammenstellt?
2. Der Wißbegierige wird diese Erde und die Welt des Todes mit ihren Göttern überwinden. Der Wißbegierige wird treffend formulierte Worte der Wahrheit so auswählen, wie der Kenner Blumen zusammenstellt.

»Wißbegierig« meint in diesem Zusammenhang keinen akademischen Wissensdrang, sondern Aufrichtigkeit und Hingabe beim Studium dessen, was wahr ist.

3. Wenn man weiß, daß der Körper wie Schaum ist, wenn man begreift, daß er ohne Substanz ist, und den blumengeschmückten Pfeil des Mörders zerbricht, kommt

man in ein Reich, das für den König des Todes unsichtbar ist.

Der Mörder personifiziert heillose Verwirrung. Siehe die Auflistung auf S. 16. Der König des Todes ist eine Personifikation des Todes unter Bezugnahme auf jene Macht, die – in der unvorstellbar intensiviert wahrgenommenen und gefühlsmäßig durchlebten Erfahrung vom Ende des physischen Daseins – im Sterbeprozeß die »Begleichung« der zu Lebzeiten angefallenen »Schulden« einfordert.

4. Der Tod rafft einen dahin, während man noch ins Blumenpflücken vertieft ist, ganz so wie eine Flut ein im Schlaf liegendes Dorf fortschwemmt.
5. Der Tod überwältigt einen, während man noch ins Blumenpflücken versunken ist und bevor man sein Vorhaben durchgeführt hat.

»Blumenpflücken« bedeutet hier, sich den Objekten der Begierde bis zu dem Punkt hinzugeben, an dem man den objektiven Charakter der Begierde aus den Augen verliert.

6. Ganz wie die Biene den Nektar nimmt und dann weiterfliegt, ohne die Farbe oder den Duft der Blumen zu beeinträchtigen, so sollte in einer menschlichen Gemeinschaft der Verständige vorgehen.

Diese beliebte buddhistische Metapher verweist auf ein Leben in der Welt, in dem es keine Fixierung auf irgend etwas gibt und man sie daher nicht durch gierige und aggressive Einstellungen und Verhaltensweisen deformiert.

7. Schaue nicht auf die Fehler von anderen oder auf das, was andere getan oder nicht getan haben; gib Obacht auf das, was du selbst getan oder nicht getan hast.

Der berühmte Zen-Meister Dahui empfahl gewöhnlich ein

dazu analoges Sprichwort als geeignete Leitlinie für den Zugang zum Erwachen: »Reite nicht eines anderen Menschen Pferd, spanne nicht den Bogen eines anderen, zerbrich dir nicht den Kopf über die Angelegenheiten eines anderen.«

8. Wie eine wunderschöne Blume, die bei all ihrer Farbenpracht keinen Wohlgeruch verbreitet, so kommen auch treffend gesprochene Worte bei demjenigen nicht zum Tragen, der sie nicht in die Tat umsetzt.
9. Wie eine wunderschöne Blume, die farbenprächtig und wohlriechend zugleich ist, so kommen treffend gesprochene Worte bei demjenigen zum Tragen, der sie in die Tat umsetzt.
10. Genau wie man aus einem Haufen Blumen viele Girlanden anfertigen kann, so kann auch ein Sterblicher viel Gutes tun.

So viel zu dem weitverbreiteten Klischee, der Buddhismus sei pessimistisch, negativ oder ergehe sich in Weltverleugnung. Der dritte chinesische Patriarch des Zen schrieb: »Mißachte nicht die sechs Sinne, denn die sechs Sinne sind nichts Schlechtes; schließlich sind sie dasselbe wie wirkliches Erwachen.«

11. Der Duft der Blumen verbreitet sich nicht gegen den Wind; auch nicht der von Sandelholz, Aloenholz oder Jasmin. Der Duft des Redlichen hingegen, der verbreitet sich gegen den Wind; der Wohlgeruch der Rechtschaffenheit erfüllt sämtliche Richtungen.
12. Sandelholz, Aloenholz, blauer Lotos, großblumiger Jasmin – selbst unter solch wohlriechenden Dingen ist der Wohlgeruch redlichen Verhaltens der allerbeste.
13. Der Wohlgeruch von Aloenholz und Sandelholz ist bloß schwach; der Wohlgeruch redlicher Menschen ist ohnegleichen, da er selbst bis zu den Göttern gelangt.

Die visionäre buddhistische Schrift *Avatamsaka-Sūtra* bietet in Hülle und Fülle Duft-Metaphern, die das »Parfüm« von Redlichkeit und Güte des Charakters versinnbildlichen.

14. Auf keinen Fall kann heillose Verwirrung über Menschen hereinbrechen, die rechtschaffenes Verhalten vervollkommnet haben, die wachsam leben und durch wahres Wissen befreit sind.

Was die »Befreiung durch wahres Wissen« anbelangt, heißt es bei dem klassischen Zen-Meister Linji: »Menschen, die sich mit Buddhismus befassen, sollten *jetzt* ein wirklich unverfälschtes Urteilsvermögen und Verständnis erreichen. Wenn ihr zu einem wirklich unverfälschten Urteilsvermögen und Verständnis kommt, dann berühren Geburt und Tod euch nicht; es steht euch frei, zu gehen oder zu bleiben.« Weiterhin heißt es bei ihm: »Es ist äußerst dringlich, daß ihr ein wirklich unverfälschtes Urteilsvermögen und Verständnis erreicht, so daß ihr auf der Welt frei sein könnt und die gewöhnlichen Spiritualisten euch nicht in Verwirrung versetzen können.«

15–16. Ganz so wie ein wohlriechender, wunderbarer Lotos aus einem auf den Weg hingeworfenen Erdklumpen hervorsprießt, so erstrahlen auch inmitten der mit Blindheit geschlagenen Sterblichen, die soviel Staub gleichen, die Schüler des wahrhaft Erleuchteten.

Ein ähnliches Sinnbild, »in der Welt, doch nicht von der Welt zu sein«, wird verwendet, um den Größeren Weg zu beschreiben, auf dem man die individuelle Befreiung und Erleuchtung unaufhörlich wieder der Welt zugute kommen läßt, sie sozusagen »reinvestiert« – zum Wohle derer, die die Welt bevölkern.

Der Narr

Dieses Kapitel befaßt sich mit dem Geistesgift des Unverstands, einem jener Faktoren, die bekanntermaßen Unglück hervorrufen. Hier wird der unverständige Narr durch Unkenntnis der Wahrheit, Besitzgier, Selbstgefälligkeit, Stumpfheit, Kurzsichtigkeit und Wichtigtuerei charakterisiert. Großer Nachdruck wird auf die Tatsache gelegt, daß der Umgang mit Narren nicht bloß unnütz, sondern sogar schädlich ist; Narren fügen nicht nur sich selbst, sondern ebenfalls anderen durch Unwissenheit und durch falsch angewandtes Wissen Schaden zu.

1. Die Nacht kommt den Schlaflosen lang vor, eine Entfernung von zehn Meilen kommt den Erschöpften lang vor; der Weg vom Leben zum Tod kommt den Narren, die sich über die Wahrheit nicht im klaren sind, lang vor.
2. Ein Wanderer, der niemand Besseren oder Ebenbürtigen findet, sollte unbeirrbar allein voranschreiten; sich mit Narren zusammenzutun macht keinen Sinn.

Der Umgang mit Narren schadet, selbst wenn keinerlei böse Absicht dabei im Spiel ist; die Gutwilligkeit eines Narren kann infolge ignoranten Handelns ebensolchen Schaden anrichten wie der Widerstand eines Narren.

3. »Ich habe Söhne, ich habe Besitz« – der unverständige Narr leidet, da er so denkt. Nicht einmal gehört sich irgend jemand selbst; wie also Söhne, wie also Besitz?

Im *Koran* heißt es: »Bis an dein Grab läßt dich das Wetteifern um mehr und mehr fehlgehen.« Ferner: »Wisse, das Leben der Welt ist bloß Irrung und Wirrung, Prahlerei und Miteinander-Wetteifern um Ruhm und Streben nach mehr und mehr Besitz und Kindern. ... Und was sonst ist das Leben der Welt als der Rohstoff für eine Sinnestäuschung?«

4. Ein Narr, der sich seines Unverstands bewußt ist, ist dadurch weise; der Narr, der sich selbst für weise hält, ist derjenige, den man als Narren bezeichnen muß.

Konfuzius sagte: »Soll ich euch lehren, wie man etwas wissen kann? Wenn ihr etwas wißt, dann vergegenwärtigt euch, daß ihr es wißt, und wenn nicht, dann vergegenwärtigt euch, daß ihr es nicht wißt.«

5. Selbst wenn ein Narr sich sein Leben lang mit einem Weisen zusammentut, wird er niemals die Wahrheit erkennen, genauso wie ein Löffel nicht den Geschmack der Suppe wahrnehmen kann.

Die von diesem Aphorismus beschriebene »Perlen vor die Säue«-Situation wird gemeinhin durch volkstümliche Redensarten wie »den Namen des Buddha ins Ohr eines Pferdes« oder »ein Stück Gold für die Katz« versinnbildlicht.

6. Jemand, der einsichtig ist, erfaßt die Wahrheit sogleich, wenn er sich, und sei es auch nur für eine Weile, mit jemand Weisem zusammentut, genau wie die Zunge den Geschmack der Suppe wahrnimmt.

Das *Mahāparinirvāna-Sūtra* vergleicht Menschen von schneller Auffassungsgabe mit guten Pferden, die sich angesichts des bloßen Schattens einer Reitpeitsche in Bewegung setzen und den wirklichen Einsatz von Peitsche oder Sporen nicht benötigen. Es gibt zahlreiche Beispiele von hinduistischen Weisheitslehrern, Asketen und Yogis, die durch die ins Mark treffenden Antworten des Buddha auf ihre Fragen und ihren zweifelnden Einspruch sehr schnell bis zur Befreiung kamen. Siehe die Aphorismen 15 und 16.

7. Dummköpfe agieren wie ihr eigener Feind, indem sie üble Taten begehen, die schmerzliche Auswirkungen haben.
8. Keine Tat ist wohlgetan, auf welche Reue folgt, deren Konsequenzen mit Heulen und Wehklagen einhergehen.
9. Jene Tat ist wohlgetan, auf die keine Reue folgt, deren Konsequenzen mit Freude und Glück einhergehen.

Weit davon entfernt, irrational und mysteriös zu sein, wie manche »Meister« eines Pseudo-Zen es hinstellen möchten, verlangt der Buddhismus Wirklichkeitssinn und klares Denken.

10. Solange es noch keine Früchte trägt, findet der Narr das Schlechte köstlich; doch wenn das Schlechte Früchte trägt, dann leidet der Narr Not.
11. Die Enthaltsamkeit des Unwissenden ist weniger wert als der sechzehnte Teil davon bei denjenigen, denen eine Integration aller Wahrheiten gelungen ist.

Von Hadrat Ali, dem vierten orthodoxen Kalifen des Islam, wird berichtet, er habe gesagt: »Wie viele von denen, die fasten, haben nichts von ihrem Fasten als Hunger und Durst!«

12. Die Auswirkung einer üblen Tat nimmt nicht sofort greifbare Gestalt an, so wie Milch nicht schlagartig gerinnt; aber sie folgt dem Unverständigen auf Schritt und Tritt, und sie brennt sich ein wie von Asche bedeckte Glut.

Gemäß der buddhistischen Weisheitslehre kommen die Früchte unserer Handlungen innerhalb unterschiedlicher

Zeitspannen zum Tragen; die Wirkung muß nicht unbedingt unmittelbar auf die Ursache folgen. Wer dies nicht im Sinn behält, mag die wahre Ursache eines gegebenen Ereignisses verkennen.

13–14. Welche Kenntnis ein Narr sich auch aneignet, sie hat die Tendenz, Schaden anzurichten. Denn dadurch, daß sie ihm zu Kopfe steigt, macht sie das Gute in ihm zunichte: Bald wird es ihn nach unverdienter Ehre verlangen, nach bevorzugter Stellung unter den Bettelmönchen, nach Herrschaft unter den Seßhaften und nach Ehrerbietung innerhalb anderer Gruppen.

Kombinieren Sie die westlichen Redensarten »Wissen ist Macht« und »Macht korrumpiert« miteinander, und sehen Sie, was dabei unterm Strich herauskommt.
Eine der befremdlichsten Vorstellungen unter buddhistischen Gruppen im Westen ist diese: Die Tatsache, daß in den Chroniken der buddhistischen Geschichte mehrheitlich Männer mit Anerkennung, Ehre, Bevorzugung, Herrschaft bedacht werden, müsse bedeuten, daß die Frauen im asiatischen Buddhismus unterdrückt worden sind. Bringt man die eigene Logik der hier dargelegten buddhistischen Lehre zur Anwendung, bedeutet dieses Phänomen im Gegenteil vielleicht bloß, daß mehr männliche Narren sich kundig gemacht haben.

15. »Dies habe ich getan; laßt es die Laienwelt und die Bettelmönche wissen! Darin, was zu tun und was nicht zu tun ist, folge man meinem Willen!« Von solcher Art sind die Gedanken von Narren; auf diese Weise gedeihen Verlangen und Selbstgefälligkeit.

16. Eines ist der Weg zur Vorteilsnahme, ein anderes ist der Weg zu Nirvāna; dieser Tatsache eingedenk, sollten

Schüler des Buddha sich nicht daran erfreuen, ehrerbietig behandelt zu werden, sondern sich in Loslösung üben.

Der Weise

Dieses Kapitel führt uns das Gegenstück zu dem im fünften Kapitel beschriebenen Narren vor Augen. Hier wird die Technik des Erläuterns durch Vergleich und Gegenüberstellung, die im Eröffnungskapitel »Gegenüberstellungen« eingeführt wurde, von einem Kapitel zum anderen fortgesetzt. Einer handfesten Abfuhr für den Narren folgt ein plastisch illustrierter Lobpreis auf den Weisen. Die Weisen, sagt der Buddha, sind nicht diejenigen, die von allen geliebt werden, sondern diejenigen, die die Wahrheit sagen und ihr gemäß leben. Nicht alle Leute mögen sie daher; sondern die guten mögen sie, die schlechten jedoch nicht. Die Weisen sind ihr eigener Herr, von den Meinungen anderer Leute unbeeindruckt, von makelloser Gesinnung, friedlich, mit festen Grundsätzen, unabhängig, frei von Zwang. Von solchen Menschen heißt es, daß sie vollständiges Nirvāna erreichen, vollkommene Geistesruhe, sogar in dieser Welt.

1. Wer immer jemanden findet, der auf unsere Fehler hinweist, um die darin verborgenen Schätze zu enthüllen, sollte solch einem Weisen, Einsichtigen folgen, der einem sagt, was tadelnswert ist. Gutes, nichts Schlimmes widerfährt dem, der solch einer Person folgt.

Bei dem großen Zen-Meister Wuzu heißt es: »Die Menschen des Altertums erfuhren gern von ihren Fehlern.«

2. Laßt zu, daß jemand euch mahnt und erzieht und von dem abbringt, was ungehobelt ist; gute Menschen werden euch dann mögen, schlechte Menschen nicht.

Bei Konfuzius heißt es: »Besser ist es, wenn die guten unter den Menschen euch mögen und die schlechten euch nicht mögen.«

3. Man sollte sich nicht mit bösartigen Gesellen zusammentun, man sollte sich nicht mit niederträchtigen Gesellen zusammentun. Tut euch mit guten Gesellen zusammen, tut euch mit edlen Gesellen zusammen.

In seinen berühmten *Ermahnungen* schrieb der klassische Zen-Meister Gueishan: »Die Gemeinschaft mit den Guten ist so, als spazierte man durch Tau- und Nebelwetter; obgleich eure Kleidung dabei nicht naß wird, nimmt sie doch allmählich die Feuchtigkeit an. Vertraulicher Umgang mit dem Schlechten vermehrt irriges Wissen und falsche Ansichten, und so bringt er Tag und Nacht Unheil hervor.«

4. Diejenigen, die an der Wahrheit Gefallen finden, schlafen friedvoll, mit klarem Geist. Die Weisen haben stets Freude an der von den Edlen dargelegten Wahrheit.

Bei den Daoisten heißt es, die Weisen des Altertums »schliefen ohne Träume und standen ohne Sorgen auf«.

5. Der Bewässerungstechniker lenkt das Wasser, der Pfeilmacher macht Pfeile zielgenau, der Zimmermann macht das Bauholz gerade; die Weisen werden Herr ihrer selbst.

Im *Daodejing* heißt es: »Wer andere überwindet, ist mächtig; wer sich selbst überwindet, ist stark.«

6. Wie ein massiver Felsbrocken nicht im Winde schwankt, so sind die Weisen unbeeinflußt von Kritik und Lob.

Die daoistischen Huainan-Meister sagen: »Für die Weisen ist guter Ruf nicht maßgebend.«

7. Ganz wie ein tiefer See klar und sauber ist, so erlangen die Weisen Klarheit, sobald sie die Wahrheiten vernommen haben.
8. Wirkliche Menschen halten, wo immer sie auch sind, an nichts fest; diejenigen, die in Frieden leben, reden nicht um des Vergnügens willen. Gleichgültig, ob sie auf Wohlbehagen oder auf Mühsal treffen, bei den Weisen zeigt sich weder ein Hochgefühl noch Niedergeschlagenheit.

Die Huainan-Meister sagen ferner: »Wenn du das Wesen und die Bestimmung des Menschen wahrhaft verstehst, gehören Liebenswürdigkeit und gerechtes Verhalten ganz natürlich dazu; Höhen und Tiefen zu erleben kann deinen Geist nicht verwirren.«

9. Man sollte für sich oder für andere nicht auf Kinder, Reichtum oder Einfluß hoffen. Wer nicht durch unredliche Mittel persönliche Bereicherung sucht, ist achtbar, einsichtig, jemand mit Grundsätzen.

Damit ist nicht Weltentsagung gemeint, sondern daß man auf den natürlichen Lauf der Dinge vertraut und sich an die Naturgesetze von Ursache und Wirkung hält.

10. Klein ist die Zahl der Menschen, die über die Diesseitigkeit hinausgelangen; die anderen gehen am diesseitigen Ufer ihres Weges.

Mit dem »diesseitigen Ufer« ist das weltliche Dasein gemeint; »über die Diesseitigkeit hinaus« meint in diesem Kontext Nirvāna, inneren Frieden.

11. Wenn die Wahrheit in zutreffender Weise dargelegt wird, werden diejenigen, die sich nach der Wahrheit richten, über das Reich des Todes, das so schwer zu durchqueren ist, hinausgehen.

Nirvāna wird bisweilen auch *Amrita* genannt, was Unsterblichkeit oder, bildlich gesprochen, Elixier der Unsterblichkeit bedeutet.

12. Die Weisen sollten üble Dinge aufgeben und das tun, was gut ist, alles Anhaften hinter sich lassen und sich auf ein Leben ohne jegliches Anhaften einlassen – auf jenen Individualismus, an dem nur schwer Gefallen zu finden ist.

Leben ohne Anhaften ist insofern wahrer Individualismus, als es gleichbedeutend mit Freiheit vom »Druck sozialer Standards« ist. Bei Konfuzius heißt es: »Vollkommene Menschen können ohne Furcht allein dastehen und sich von der Gesellschaft lossagen, ohne darunter zu leiden.«

13. Laßt die Weisen Freude darin finden, alle Begierde abgelegt und sich von mentalen Verunreinigungen befreit zu haben.

»Darin« meint den wahren Individualismus eines Lebens ohne Anhaften. Man kann sich an ihm in dem Sinn »nur schwer erfreuen«, daß er der Zufriedenheit von Ego und Persönlichkeit keinen gefühlsmäßigen Rückhalt bietet.

14. Diejenigen, deren Geist in den sieben Bestandteilen vollkommener Erleuchtung richtig ausgebildet ist, die keinerlei Anhaften mehr haben, Gefallen daran finden, daß sie vom Ergreifen-Wollen frei sind, und aller Zwanghaftigkeit ein Ende bereitet haben, erreichen vollkommenes Nirvāna hier in dieser Welt.

Die »Bestandteile der Erleuchtung« sind sieben an der Zahl: 1. Innere Sammlung, 2. Prüfung der realen Gegebenheiten, 3. Fleiß, 4. Fröhlichkeit, 5. Geistesruhe, 6. Konzentration, 7. Gleichmut.

Der Ehrwürdige

Dieses Kapitel beschreibt den *Arhat*, einen, der den Kleineren Weg vollendet und den inneren Frieden von Nirvāna erreicht hat. Vom Arhat heißt es, er habe keinen Kummer, keinen Ballast, keine zwanghafte Routine, keine geistige oder körperliche Unruhe und keinen Aberglauben. Leidenschaftslos, gelassen erreicht er die Erleuchtung und wird frei.

1. Für diejenigen, die ihren Weg bis zum Ende gegangen sind, die den Kummer hinter sich zurückgelassen haben, die in allen Lebenslagen frei und jeglicher Knechtschaft enthoben sind, gibt es kein Leid.
2. Die Nachdenklichen bemühen sich; sie finden am Anhaften keinen Geschmack. Wie Schwäne, die einen See verlassen, geben sie ihr Anhaften Schritt um Schritt auf.
3. Diejenigen, bei denen sich nichts angehäuft hat, die mit vollendetem Wissen ihre Mahlzeiten einnehmen, deren Sphäre Leerheit, Spurlosigkeit und Befreiung ist, hinterlassen wie die Vögel am Himmel schwerlich eine Spur.

»Nichts angehäuft haben« heißt: unbelastet sein von psychischem »Ballast« oder »Komplexen«, die sich im Laufe der Daseinserfahrung angesammelt haben.

4. Diejenigen, für die Zwänge der Vergangenheit angehören, die an Essen nicht gebunden sind, deren Sphäre Leerheit, Spurlosigkeit, Befreiung ist, hinterlassen wie die Vögel am Himmel schwerlich eine Spur.

Auf dem Größeren Weg werden Leerheit, Spurlosigkeit und Befreiung die »Drei Großen Meditationen« genannt. »Sphäre« nimmt auf die letztendliche Wahrheit Bezug, daß die realen Gegebenheiten unfaßlich sind, nicht das, was wir uns – den Attributen, Definitionen und der Anziehungskraft entsprechend, die wir ihnen zuschreiben – einbilden.

Im Zen-Buddhismus wird die Metapher der »Vogelspur« mitunter verwendet, um die erste Stufe der Zen-Praxis zu versinnbildlichen. Der Zen-Meister Shingetsu erläutert: »Dieser Weg bedeutet, daß wir als erstes vom Festhalten an einem Ich loskommen müssen, gerade während wir in dem augenblicklich vorhandenen Energie- und Materiehaufen leben, indem wir unseren ursprünglichen Zustand von Ichlosigkeit erreichen. Dann müßt ihr ferner wissen, daß die Dinge ebenfalls keine ihnen innewohnende Identität haben. Begreift ihr erst einmal, daß Personen und Dinge kein Selbst haben, dann schreitet ihr sogar inmitten eurer täglichen Aktivitäten durch Leerheit. Dies nennt man den Weg des Vogels gehen.«

5. Diejenigen, deren Sinne ruhig sind wie ein Pferd, das von einem Wagenlenker gut im Zaum gehalten wird, die von Stolz frei sind und keinen Zwängen unterliegen, werden selbst von den Göttern beneidet.
6. Für jemanden, der formbar ist wie Erde, Eckpfeiler einer guten Handlungsweise, der wie ein See ohne jede Verunreinigung ist, gibt es keine zwanghafte Routine mehr.
7. Das Denken ist ruhig, Reden und Handeln sind ruhig bei jemandem, der durch vollendetes Wissen befreit ist und es zu Gelassenheit gebracht hat.
8. Die beste Art von Mensch ist einer, der nicht leichtgläubig ist, der das Nicht-Erschaffene kennt, der die Fesseln durchtrennt hat, sich vom Schicksal gelöst und den Begierden entsagt hat.

Leicht scheint es zu einer – gefährlichen – Verwechslung von Leichtgläubigkeit mit Vertrauen, Bescheidenheit, Ernsthaftigkeit oder ähnlichen Gaben zu kommen. Die Falschspieler unter den Lehrern fördern natürlich diese Verwirrung eher, statt sie zu klären. »Das Nicht-Erschaffene« ist das, zu dem man durch keinen menschlichen Kunstgriff Zugang bekommen kann. »Die Fesseln durchtrennen, sich vom Schicksal lösen und den Begierden entsagen« klingt nach Askese, doch ist dies eine oberflächliche Interpretation. Auf dem Größeren Weg hat es die Bedeutung, aus *freiem Willen* – und das in einem ganz speziellen Sinn – in der Welt zu leben, statt dies aus Gewohnheit oder gezwungenermaßen oder aus einer Erwartung heraus zu tun.

9. Ob im Dorf oder im Wald, auf dem Berg oder im Tal, wo auch immer Heilige wohnen, da ist es angenehm.

Als Hadrat Ali einen Mann über die Welt schimpfen hörte, fragte er: »Hast du über die Welt zu klagen, oder hat die Welt über dich zu klagen?«

10. Solche Wälder sind angenehm, in denen Menschen sich nicht die Zeit vertreiben; wer frei ist von Leidenschaft, wird sie mögen, da er nicht auf der Suche nach Vergnügung ist.

Buddhistische Meditierende auf dem unverfälschten Weg unterscheiden ganz genau, ob jemand sich aus spirituellen Beweggründen oder zur Erbauung und Erholung in die Wälder begibt. Wie unterschiedlich jeweils die Resultate sind, kann man an den Auswirkungen auf die Personen ebenso erkennen wie an den Auswirkungen auf die Umwelt.

Tausende

Dieses Kapitel ist im großen und ganzen darauf angelegt, zwischen Quantität und Qualität im Leben zu unterscheiden, oberflächlichen Aktivitäten und Bräuchen kontrastierend solche Ziele gegenüberzustellen, denen ein tieferes Verständnis für zeitlos gültige Wahrheiten und dauerhafte Werte zugrunde liegt.

1. Besser als tausend aus sinnlosen Aussagen zusammengesetzte Aussprüche ist eine einzige sinnvolle Aussage, durch die man, sobald man sie vernimmt, zur Ruhe kommt.
2. Besser als tausend aus sinnlosen Verszeilen zusammengesetzte Gedichte ist eine einzige sinnvolle Verszeile, durch die man, sobald man sie vernimmt, zur Ruhe kommt.
3. Besser, als wenn jemand Hunderte von Gedichten voll sinnloser Verszeilen vorträgt, ist *ein* Gedicht, durch das man, sobald man es vernimmt, zur Ruhe kommt.

Wahrhaft buddhistische Literatur sollte *funktional* sein, geeignet sein, zu befreien und zu erleuchten. Ästhetische oder andere literarische Belange sind gegenüber ihrer Tauglichkeit für diesen speziellen Verwendungszweck zweitrangig.

4. Selbst wenn jemand eine Million Männer in der Schlacht besiegt – allein der, der das Ich überwindet, trägt tatsächlich den höchsten Sieg davon.

5–6. Für jemanden, der selbstbeherrscht und im Handeln stets diszipliniert ist, ist der Sieg über das Ich besser als der Sieg über andere. Bei solch einem kann niemand den Sieg zur Niederlage machen, nicht einmal ein Gott, ein Engel oder ein Teufel.

Die daoistischen Huainan-Meister sagen: »Ich mache nicht den Weg, auf dem ich zum Herrn meiner selbst werde, von den Wechselfällen eines gegebenen Zeitpunkts abhängig. Was ich Selbstmeisterung nenne, bedeutet, daß meine wirkliche Natur und mein Leben beständig dort verharren, wo sie sicher sind.«

7. Sogar wenn jemand hundert Jahre lang jeden Monat tausendmal rituelle Opfer ausführt – wenn er auch nur für einen Moment einer selbstvervollkommneten Person Verehrung erweist, ist diese Verehrung besser als das, was sich in hundert Jahren an Opfern darbringen läßt.
8. Selbst wenn jemand hundert Jahre lang ein zeremonielles Feuer im Wald aufrechterhält – wenn er auch nur für einen Moment einer selbstentwickelten Person Verehrung erweist, ist diese Verehrung besser als das in hundert Jahren dargebrachte Opfer.
9. Was auch immer in dieser Welt während eines Jahres an Opfern und Opfergaben dargebracht werden mag, all dies ist weniger als ein Viertel soviel wert, wie aufrechten Menschen Respekt zu erweisen.

Diese Äußerungen veranschaulichen, daß der Buddha die Überbewertung kultischer Handlungen, Aberglauben und von Unwissenheit zeugenden Ritualismus verworfen hat.

10. Bei denen, die dem Alter gegenüber stets höflich und respektvoll sind, nehmen vier Dinge zu: Lebenskraft, Schönheit, Glück und Stärke.

Dies ist nicht Ausdruck einer primitiven oder abergläubischen Doktrin von der Belohnung guter Taten nach dem Modell einer geschäftlichen Übereinkunft. Höflichkeit und Respekt für das Alter fördern den Respekt für das Leben und die Lebewesen; diese Gefühlsregungen haben eine beruhigende und zentrierende Wirkung auf Geist und Körper, wodurch sie natürlicherweise das Allgemeinbefinden und Wohlergehen der Person verbessern, die sich entsprechend verhält, wie auch der Gruppe oder des Gemeinwesens, in denen diese Haltung vorherrscht.

11. Es ist besser, einen Tag moralisch einwandfrei und mit Bedacht zu leben, als hundert Jahre unmoralisch und zügellos zu leben.
12. Es ist besser, einen Tag weise und mit Bedacht zu leben, als hundert Jahre zu leben, in denen man unwissend ist und seinen Schwächen nachgibt.
13. Es ist besser, einen Tag zu leben und eine kraftvolle Anstrengung zu unternehmen, als hundert Jahre lang faul und teilnahmslos zu leben.
14. Es ist besser, einen Tag zu leben und die Vergänglichkeit wahrzunehmen, als hundert Jahre zu leben, ohne die Vergänglichkeit wahrzunehmen.

Durch das Gewahrsein der Vergänglichkeit erleben wir die Welt intensiver, da es unseren Sinn für die Einmaligkeit des Augenblicks und der in ihm sich bietenden Gelegenheit schärft.

15. Es ist besser, einen Tag zu leben und das unvergängliche Sein zu sehen, als hundert Jahre zu leben, ohne das unvergängliche Sein zu sehen.

Das unvergängliche Sein (Nirvāna) in seiner Allgegenwärtigkeit hinter den wechselnden Handlungsschauplätzen der

Welt zu sehen schenkt uns die letztendliche innere Ausgeglichenheit: Wir sehen, welchen Platz etwas auf dieser Welt einnimmt, während wir uns gleichzeitig immer darüber im klaren sind, was letztendlich und endgültig wirklich und wahr ist.

16. Es ist besser, einen Tag zu leben und Einsicht in die letztendliche Wahrheit zu erhalten, als hundert Jahre ohne Einsicht in die letztendliche Wahrheit zu leben.

Übel

Dieses Kapitel legt besonderen Nachdruck auf die Zwangsläufigkeit, mit der üble Handlungen schlimme Konsequenzen zur Folge haben. Diese Zwangsläufigkeit – das muß betont werden – bedeutet jedoch nicht notwendigerweise deren sofortiges Inkrafttreten: Abhängig von der Gesamtheit aller zusammenkommenden Umstände kann zwischen einer Handlung und dem Heranreifen ihrer Konsequenzen eine Verzögerung von beliebiger Dauer eintreten. Ebendies ist der Grund für solche Erinnerungen und Warnungen wie jene, die man in den Aphorismen dieses Kapitels findet; denn falls die unheilvollen Konsequenzen übler Handlungen unweigerlich sofort in Kraft träten, gäbe es weiter keine Notwendigkeit zur Ermahnung. In gleicher Weise kann das Entstehen fehlerhafter Verhaltensmuster für den einzelnen ein allzu schleichender Prozeß sein, als daß er die unheilvollen Konsequenzen zeitig genug erwägen würde, um sie zu vermeiden – es sei denn, durch sorgsame Besinnung.

1. Beeilt euch, Gutes zu tun, haltet euren Geist von Üblem fern. Der Geist von jemandem, der träge ist, wenn es darum geht, Gutes zu tun, findet in Üblem einen Zeitvertreib.
2. Wer auch immer etwas Falsches getan hat, sollte das nicht wiederholen; darauf richtet euren Geist nicht aus, denn Leid ist eine Anhäufung von Übel.

3. Laßt diejenigen, die Gutes getan haben, es wieder und wieder tun; darauf richtet euren Geist aus, denn Glück ist die Anhäufung von Gutem.

Auch auf dem Kleineren Weg mit seinem Ziel des inneren Friedens ist ein Engagement für konstruktives und positives Handeln notwendig, um die persönliche Befähigung zu befreitem Wissen und zu einer befreiten Sichtweise weiterzuentwickeln.

4. Auch ein übler Mensch erlebt Gutes, solange das Übel noch nicht herangereift ist; wenn jedoch das Übel erst einmal reif geworden ist, erlebt der Übeltäter Unheil.
5. Auch jemand, der gut ist, erlebt womöglich Schlimmes, solange das Gute noch nicht herangereift ist; wenn jedoch das Gute reif geworden ist, erlebt der Gute Gutes.

Die Zeitspanne, die sich eventuell zwischen die eigentlichen Ursachen und deren Auswirkungen schiebt, schafft Spielraum, um sich Selbsttäuschungen aller Art vorgaukeln zu können.

6. Unterschätzt das Übel nicht, indem ihr annehmt, es werde sich auf euch nicht auswirken. Selbst tropfendes Wasser kann einen Krug füllen, Tropfen für Tropfen; ein Narr ist voll von Übel, selbst wenn er dieses nur nach und nach angesammelt hat.

Im *Daodejing* heißt es: »Nichts ist verhängnisvoller, als Widersacher zu unterschätzen.«

7. Unterschätzt das Gute nicht, indem ihr annehmt, es werde sich auf euch nicht auswirken. Selbst tropfendes Wasser kann einen Krug füllen, Tropfen für Tropfen; ein Weiser ist von Gutem erfüllt, selbst wenn er es nur ganz allmählich angesammelt hat.

Im *Daodejing* heißt es: »Tu Großes, solange es noch klein ist.«

8. Ganz so wie ein Kaufmann mit vielen Gütern und mit wenigen Begleitern eine gefährliche Straße meidet, und ganz so wie jemand, der am Leben bleiben will, Gift meidet, sollte man alle Übel meiden.

Der klassische Zen-Meister Zhaoshan hat die Metapher vom Laufen durch ein Dorf, in dem alle Brunnen vergiftet sind, eingeführt. Der japanische Zen-Meister Dōgen schrieb: »Wenn man sich in dieser Weise bemüht, zeigt sich, daß man es immerfort unterlassen kann, Übel zu begehen. Dadurch inspiriert und durch volle Einsicht in den Sachverhalt des Nicht-Schaffens von Übel, kommt man damit endgültig ins reine*. Genau von dem Zeitpunkt an, da sich – am Anfang, in der Mitte und am Ende – die Möglichkeit des Nicht-Schaffens von Übel zeigt, ist das Zustandekommen oder Nichtzustandekommen von Übeln nicht von den Umständen abhängig; man begeht sie einfach nicht.«

9. Jemand ohne eine Wunde an der Hand kann Gift mit der Hand entfernen; das Gift wird dort, wo es keine Verletzung gibt, nicht hineingelangen. Es gibt kein Übel für jemanden, der keines begeht.
10. Wenn jemand eine unschuldige Person beleidigt, wird das Unheil daraus wie Staub, den man in den Wind geschleudert hat, auf jenen Narren zurückkommen.
11. Manche kommen im Mutterleib zur Welt; Übeltäter geraten in die Hölle. Menschen, deren Handlungsweise gut ist, gelangen in den Himmel; Menschen, die von zwanghaften Antrieben frei sind, erreichen Nirvāna.

* D. h., man erreicht den Punkt, an dem »Nicht-Schaffen« spontan geschieht. (A. d. Ü.)

Nirvāna ist noch vorzüglicher als die Glückseligkeit des Himmels.

12. Nirgendwo auf der Welt – nicht in den Wolken noch im Meer, noch in den Tiefen der Erde – gibt es einen Ort, an dem man seinen Übeltaten entkommen kann.
13. Nirgendwo auf der Welt – nicht in den Wolken noch im Meer, noch in den Tiefen der Erde – gibt es einen Ort, an dem der Tod dich nicht überwältigen wird.

Es gibt keinen Ort, an dem man den Konsequenzen der eigenen Handlungen, dem Wirken der kausalen Naturgesetzlichkeit, entkommen kann. Diese Zeilen bringen nicht nur offenkundige Wahrheiten zum Ausdruck, sondern weisen mittelbar alle Glaubensvorstellungen zurück, mit denen wir uns nur den Blick auf die Realität verstellen.

Gewalt

In diesem Kapitel ist das Augenmerk hauptsächlich darauf gerichtet, Mitgefühl für andere zu entwickeln, indem wir an sie genau so denken wie an uns selbst. Von der Verwirklichung dieses Verständnisses ausgehend, geben die Aphorismen in diesem Kapitel Ansporn zu Gewaltlosigkeit und zu Fürsorglichkeit für andere durch Selbstbeherrschung. Für diejenigen, die Selbstbeherrschung mit Selbstkasteiung verwechseln, hält dieses Kapitel auch eine Warnung bereit: Mechanische Askese ist wertlos, und statt einer bloß äußerlichen Veränderung der Gewohnheit oder des Auftretens ist vielmehr eine wahrhaft innerliche Umwandlung des Charakters notwendig.

1. Jedermann schaudert es vor dem Peitschenhieb, jedermann hat Angst vor dem Tod. Indem ihr auf andere Rücksicht nehmt wie auf euch selbst, tötet nicht, und leistet dem Töten keinen Vorschub.
2. Jedermann schaudert es vor dem Peitschenhieb, jedermann liebt das Leben. Indem ihr auf andere Rücksicht nehmt wie auf euch selbst, tötet nicht, und leistet dem Töten keinen Vorschub.
3. Wer immer den Lebewesen – die sich alle nach Glück sehnen – Leid zufügt, mag zwar nach persönlichem Glück trachten, doch nach seinem Tod wird er keine Glückseligkeit finden.

4. Wer immer den Lebewesen – die alle nach Glück streben – kein Leid zufügt, wird, auch wenn er nach persönlichem Glück trachtet, nach seinem Tod Glückseligkeit finden.

Mitgefühl gilt gemeinhin als hervorstechendes Kennzeichen für den Buddhismus des Größeren Weges. Doch wie hier in den ersten vier Aphorismen dieses Kapitels veranschaulicht wird, ist es ebenso Bestandteil des Kleineren Weges, da es sich als eine natürliche Konsequenz aus dem Begreifen der Naturgesetzlichkeiten ergibt.

5. Sagt keine Grobheiten; was ihr gesagt habt, wird euch durch das, was man zu euch sagt, zurückgezahlt werden. Eine zornige Redeweise ist schmerzlich; Vergeltung wird euch treffen.
6. Wenn ihr so ruhig sein könnt wie ein zerbrochener Gong, habt ihr Nirvāna erreicht; keine Erregung ist mehr in euch.

Der Zen-Meister Dōgen rät zur Meditation über das Sprichwort: »Wenn ihr mit eurem Mund solches Stillschweigen wahren könnt wie mit eurer Nase, werdet ihr euch viel Ärger ersparen.«

7. Wie ein Kuhhirte das Vieh mit einem Stecken auf die Weide treibt, so treiben hohes Alter und Tod die Lebenskraft aus den Lebenden.
8. Doch der Tor, der Übeltaten begeht, begreift nichts; der Dummkopf verbrennt durch seine eigenen Taten, als stünde er in Flammen.

9–12. Jeder, der den Unschuldigen Unrecht tut und die Aufrechten beleidigt, kommt schnell in eine von zehn unvermeidlichen Notlagen: Unbehagen, Verlust, physische Verletzung, schwere Krankheit, Wahnsinn, Unterdrückung durch einen Machthaber, unmenschliche Verleumdung, Verlust von Verwandten, Zerstörung der Besitzungen, oder seine Häuser gehen in Flammen auf. Wenn sein Körper hinfällig wird, wird der Tor in der Hölle wiedergeboren.

13. Weder Nacktheit noch verfilztes Haar, noch das Sich-Bedecken mit Schlamm, noch Fasten, noch Liegen auf hartem Untergrund, noch Staub und Schmutz, noch bewegungsloses Sich-Hinhocken wird einen Sterblichen läutern, der nicht über Zweifel und Begierde hinausgekommen ist.

Hadrat Ali hat gesagt: »In Gewißheit schlafen ist besser, als unter Zweifeln beten.«

14. Falls jemand – mag er auch fein gekleidet sein – Gleichmut übt, falls er friedvoll, zurückhaltend, diszipliniert und gesittet ist, ist dies derjenige, der priesterlich, derjenige, der religiös, derjenige, der ein Bettelmönch ist.

»Mag er auch fein gekleidet sein« bedeutet »obgleich er – äußerlich betrachtet – ein gewöhnliches Leben in der Welt führt«. Die Ideale von Priesterschaft und Enthaltsamkeit hat Gautama Buddha in dem Sinn neu definiert und neu ausgerichtet, daß sie in stärkerer Entsprechung zu inneren Qualitäten statt zu äußerlichem Gehabe stehen.

15. Gibt es jemanden auf der Welt, der – durch Bescheidenheit im Zaum gehalten – keine Kritik hervorruft, so wie ein gutes Pferd keine Peitschenhiebe benötigt?

16. Seid ernsthaft und voller Tatkraft wie ein gutes Pferd, auf das ein Peitschenhieb niedergeht. Schafft euch diese Ansammlung von Leiden vom Hals – durch Vertrauen, Disziplin, Energie, Konzentration und Unterscheidungs-

vermögen für die Wahrheit, geschickt im Wissen und Handeln, wachsam.

17. Bewässerungstechniker lenken das Wasser, Pfeilmacher machen Pfeile treffsicher, Zimmerleute begradigen Holz – diejenigen mit guter Selbstdisziplin führen ihre Übungen aus.

Das Alter

Dieses Kapitel bietet einige ernüchternde Kontemplationen über das Verstreichen der Zeit, die Flüchtigkeit der Dinge, die Kürze der Jugend und das Herannahen unseres Lebensabends. Solche Betrachtungen, die in vielen Überlieferungen zu finden sind, repräsentieren nicht eine pessimistische Weltanschauung – wie einige außenstehende Beobachter zu glauben geneigt sind. Vielmehr handelt es sich um Übungen, die im Dienst von Besonnenheit und zielgerichtetem Streben im Alltag stehen. Kontemplation über das Alter soll in erster Linie den einzelnen Menschen dazu anregen, daß er die nötigen Schritte unternimmt, um nicht am Ende unverrichteter Dinge dem Tod gegenüberzutreten, um nicht zu sterben, ohne wirklich gelebt zu haben.

1. Welche Freude gibt es für uns, welche Glückseligkeit, während das Feuer fortwährend an uns zehrt?
   Warum sollten wir, umfangen vom Schleier der Dunkelheit, nicht nach einem Licht suchen?
2. Seht euch diese vom Geist geschaffene Gestalt an, einen Haufen von Wunden, krank, traumversunken, vergänglich und instabil.
3. Diese materielle Form ist verfallen, eine Brutstätte von Krankheiten, gebrechlich. Dieser nach Verwesung riechende Körper geht zugrunde, denn das Leben endet im Tod.

4. Welches Anhaften gibt es noch, sobald man diese bleichen Knochen – im Herbst liegengebliebenen Flaschenkürbissen gleich – gesehen hat?
5. Die Knochen werden zu einer von Fleisch und Blut bedeckten Festung gemacht, in der Alter und Tod, Hochmut und Verachtung wohnen.
6. Die prächtigen Königskutschen verschleißen; so mit dem Alter auch der Körper. Rechtschaffene Menschen bringen dies einander bei.

Die Aphorismen 2 bis 6 verweisen auf eine grundlegende Meditationsübung. »Diese Gestalt« bezieht sich auf den Körper, der aus dieser Perspektive im Hinblick auf sein normales »Absondern« von Sekreten und Ausscheidungsprodukten als ein »Haufen von Wunden« beschrieben wird. Die Kontemplation über den unreinen, dauernder Reinigung und Pflege bedürfenden Körper ist eine elementare Übung auf dem Kleineren Weg, keine Morbiditäts-Doktrin. Auf dem Größeren Weg wird die Kontemplation über den unreinen Körper zur Kontemplation darüber, daß der Körper offenem Raum gleicht.

7. Ein Mensch, der wenig gelernt hat, altert wie ein Ochse; seine Leibesfülle nimmt zu, seine Einsicht hingegen nicht.
8. Viele Male habe ich immer wieder aufs neue die Suche nach dem Erbauer dieses Hauses begonnen, ohne ihn zu finden; wieder und wieder damit zu beginnen ist erbärmlich.
9. Du bist erkannt, Erbauer des Hauses; du wirst es nicht abermals aufrichten können. All deine Eckpfeiler sind zusammengebrochen, dein Dachfirst ist zerstört. Ausgerichtet auf Losgelöstheit von den geschaffenen Dingen, hat der Geist erreicht, daß das Verlangen verloschen ist.

Der Ausdruck »Erbauer des Hauses« bezeichnet hier die auf Individualität fixierte, Täuschung und Illusion hervorrufende Geistesverfassung, die den Körper als das Ich ansieht und ihn wie einen Besitz oder ein ihr zugehöriges Wesensmerkmal behandelt statt wie eine Leihgabe. »Du wirst es nicht erneut aufrichten können« bedeutet: Wenn wir die Quelle der Illusion erkannt haben, fallen wir nicht länger trügerischen Ideen zum Opfer, in denen wir uns eine falsche Bedeutsamkeit beimessen.

10. Wer sich nicht in Bedürfnislosigkeit geübt hat, wer in seiner Jugend keinen Reichtum erworben hat, hockt grübelnd wie ein alter Reiher an einem fischlosen kleinen Teich.
11. Wer sich nicht in Bedürfnislosigkeit geübt hat, wer in seiner Jugend keinen Reichtum erworben hat, liegt herum wie ein ausgeleierter Bogen und trauert längst vergangenen Zeiten nach.

Das Erwerben von Reichtum in der Jugend bezieht sich auf charakterlichen Reichtum. Ferner bezieht es sich in buchstäblichem Sinn auf materiellen Wohlstand, durch den man es womöglich vermeiden kann, anderen zur Last zu fallen, und der auf diese Weise zu einem unbekümmerteren Leben und einem von weniger Reue erfüllten Sterben beiträgt.

Das Selbst

Dieses Kapitel skizziert das Bewußtsein des verantwortlichen Individuums, desjenigen also, der sich über Handlungskonsequenzen vollkommen im klaren und demzufolge auf intelligente Weise selbstbeherrscht ist. Die Notwendigkeit, erst einmal die Herrschaft über sich selbst zu erlangen, bevor man anderen helfen kann, wird von den landläufigen altruistischen Lehren in der Regel nicht berücksichtigt oder hervorgehoben. Hier wird sie angesprochen. Sofern das mitfühlende Individuum nicht bereits – dank der Arbeit, die es an *sich* geleistet hat – von persönlichen Bedürfnissen unabhängig ist, verkommt Mitgefühl zu fruchtloser Sentimentalität. Dies kann man bei den menschlichen Bemühungen in allen Bereichen sehen, vom Umgang miteinander auf lokaler Ebene bis hin zu den internationalen Beziehungen.

1. Wer weiß, daß das Selbst kostbar ist, wird es sorgsam behüten; der Weise hält ein Drittel der Nacht Wache.

Oft ist vermutet worden, der Buddhismus negiere das Selbst und predige Selbstverleugnung als höchstes Ideal. Ein Autor, der für sich in Anspruch nimmt, ein Adept des inneren und äußeren Yoga zu sein, behauptet sogar, der Buddhismus sei seinem Wesen nach autoritär und ermögliche infolgedessen Mißbrauch, da er ja Selbstlosigkeit als höchstes Gut ansehe. Wenngleich es skrupellose Leute geben mag, die diese Idee dazu benutzen, Herrschaft über andere auszuüben, sie zu unterdrücken oder einzuschüchtern, ist dies dann kein Buddhismus, sondern – in Abirrung davon – Mißbrauch einer falsch ausgelegten Idee. Suzuki Shōsan, ein Zen-Meister aus dem siebzehnten Jahrhundert, schrieb: »Steh auf, und sei für dich selbst verantwortlich. ... Gib acht auf deinen Geist, und übernimm selbst die Verantwortung für dich.« Im gleichen Duktus schrieb er weiter: »Sei deiner selbst gewahr, und erkenne dich selbst. ... Falls du nicht über dich Bescheid weißt, kannst du auch sonst nichts wissen.«

2. Zuerst sollte man Redlichkeit zur eigenen Lebensgrundlage machen, danach kann man anderen Anleitung geben; der Weise wird ohne Makel bleiben.
3. Wer selbst so trefflich werden will, wie er andere zu sein lehrt, sollte die Selbstbeherrschung meistern, denn das Selbst ist wahrlich schwer zu zähmen.

Der klassische Zen-Buddhismus war besonders kompromißlos in der Betonung dieses Punktes: daß jemand unbedingt selbst erleuchtet sein muß, bevor er versucht, anderen etwas beizubringen. Heute scheinen manche Leute zu glauben, spirituelle Lehrerschaft sei so etwas wie eine berufliche Stellung.

4. Das Selbst ist Herr über das Selbst; wer sonst sollte sein Herr sein? Wer sein Selbst gut unter Kontrolle hat, gewinnt einen Meister, wie er nur schwer zu finden ist.

Die Unvereinbarkeit autoritären Gehabes mit authentischem Buddhismus wird hier ganz klar ersichtlich. Die Idee, Buddhismus sei autoritär (die sogar von manchen seiner Anhänger, insbesondere im Westen, vertreten wird), beruht auf falschen Vorstellungen von Buddhismus.

5. Das von ihm selbst verübte, aus ihm selbst hervorgekommene und von ihm selbst geschaffene Übel zerstört

den Uneinsichtigen, wie ein Diamant einen edlen Stein zerstört.

6. Jemand, bei dem schlechtes Benehmen unablässig um sich greift wie eine parasitäre Schlingpflanze auf einem Baum, bringt sich in jene Verfassung, in der sein Feind sich ihn wünscht.

   »Bringt sich in jene Verfassung, in der sein Feind sich ihn wünscht« – Menschen von geringer Bewußtheit oder starker Aggressivität finden es womöglich leichter, sich zu beherrschen, wenn sie sich vorstellen, daß sie damit die Hoffnungen ihrer Feinde durchkreuzen. Diese Art des Denkens ist zwar umständlich, aber hier durchaus vertretbar und effektiv.

7. Es fällt leicht, das zu tun, was schlecht und schädlich für einen selbst ist; zu tun, was nützlich und gut ist, ist äußerst schwierig.

   Der entscheidende Gegensatz besteht hier zwischen der Leichtigkeit des Sich-Gehenlassens und der Mühseligkeit von Selbstbeherrschung.

8. Wer die Unterweisungen der Ehrwürdigen und Edlen, die ein Leben im Sinne der Wahrheit führen, zurückweist – ein auf eine irrige Meinung sich versteifender Dummkopf –, führt dadurch selbstzerstörerische Resultate herbei: wie das Zuckerrohr, das abstirbt, sobald es herangereift ist.

   Deshalb ist es so gefährlich, Meinungen darüber, was eine Unterweisung besage oder bedeute, aus zweiter Hand zu übernehmen.

9. Wir selbst sind derjenige, der Übles tut, durch uns selbst erfahren wir Leid. Wir selbst sind derjenige, der Übel

nicht begeht, durch uns selbst werden wir geläutert. Lauterkeit und Unlauterkeit sind persönliche Angelegenheiten; niemand kann einen anderen läutern.

Menschen, die möglichst schnell »einen Lehrer finden« wollen, der ihre Probleme für sie löst, täten gut daran, diese Zeilen gründlich zu bedenken. Unvorbereitet zu einem Lehrer zu gehen heißt, einen wirklichen Lehrer im ungeeigneten Moment zu behelligen und einem falschen Lehrer Vollmachten zu geben. In beiden Fällen stellt sich die Frage, wozu es gut sein soll.

10. Mißachte nicht, was dir not tut, den Bedürfnissen eines anderen zuliebe, wie groß diese auch sein mögen; sobald du herausgefunden hast, wessen du selbst bedarfst, tue das, was wirklich von Nutzen ist.

Der springende Punkt bei dieser Passage ist nicht etwa, daß Sie anderen nicht helfen sollten, sondern daß Sie in einem echten Sinn *nicht imstande sind*, anderen zu helfen, selbst wenn Sie dies versuchen, sofern und solange Sie nicht zuerst einmal Ihr eigenes Verständnis und Ihre Belastbarkeit in ausreichendem Maß entwickelt haben. Wenn Sie helfend in Erscheinung treten, um *sich zu fühlen*, als täten Sie etwas Gutes, ist dies in Wirklichkeit bloß eine Befriedigung Ihrer eigenen Neigungen, kein altruistisches Handeln. Oberflächliche Leute mit dem Hang, Aktivismus mit Handeln zu verwechseln, verraten sich häufig durch ihre Reaktionen auf solche Aussagen wie diese hier im *Dhammapada*.

Die Welt

Dieses Kapitel schildert Glück in dieser Welt und jenseits von ihr. Diese zwei Arten von Glück werden nicht als Gegensätze angesehen, sondern als *ein* Kontinuum der spirituellen Entwicklung, die sich daraus ergibt, daß man Herr seiner selbst wird.

1. Begeht keine Niederträchtigkeiten, verweilt nicht in Achtlosigkeit. Handelt nicht aufgrund von falschen Ansichten, verstärkt nicht die Fixierung auf weltliche Dinge.
2. Rafft euch auf, seid nicht nachlässig; wendet den Grundsatz guten Verhaltens an. Jemand, der der Wahrheit entsprechend handelt, ist in dieser Welt und jenseits von ihr glücklich.
3. Wendet den Grundsatz guten und nicht schlechten Verhaltens an. Jemand, der der Wahrheit entsprechend handelt, ist in dieser Welt und jenseits von ihr glücklich.

Gemäß der von diesen ersten drei Aphorismen veranschaulichten Perspektive sind weltliche Einstellung und Glück auf dieser Welt nicht ein und dasselbe. Auch wer sich dem Buddhismus auf dem Kleineren Weg widmet, der bemüht sich in positiver und konstruktiver Weise um wirkliche Freude auf dieser Welt, ohne damit eine weltliche Haltung einzunehmen. Allgemein ist zu beobachten, daß eine weltliche Haltung – was hier bedeutet, von weltlichen Ansichten durchdrungen zu sein – nicht Glück, sondern das genaue Gegenteil hervorbringt. Denn das Fehlen einer spontan auf die Gegebenheiten eingehenden Beweglichkeit im Umgang mit einer wechselhaften Welt bewirkt letzten Endes Enttäuschung und Kummer. Enttäuschung und Kummer sind gewissermaßen die Gegenposition zum Buddhismus: Sie sind die Objekte der Beobachtung. Mit den Mitteln vollkommener Einsicht durchbricht der Buddhismus ihren Bann.

4. Wer auf diese Welt blickt wie auf eine Seifenblase, ein Trugbild, den wird der König des Todes nicht heimsuchen.

Die hier angesprochene Kontemplationsmethode ist von allzu buchstabengläubig gesonnenen Gelehrten als ein dogmatischer Glaubenssatz mißdeutet worden. Der große japanische Zen-Meister Musō Soseki erklärt, die hier beschriebene kontemplative Methode sei nichts Letztgültiges, sondern eine Methode zum Durchbrechen unserer Fixierung auf diese oder jene Weltsicht. Es ist notwendig, dies anzusprechen, weil das Fixiertsein auf die Anschauung, die Welt sei ein bloßes Trugbild, ebenfalls eine Illusion mit unerwünschten Konsequenzen ist. Im *Avatamsaka-Sūtra* finden sich im Kapitel mit der Überschrift »Die Zehnfache Anerkennung« umfassende Beschreibungen, wie solche Übungen sich für das Erreichen und Verwirklichen einer transzendenten Toleranz nutzen lassen.

5. Kommt, seht nur diese Welt, sie ist wie eine bemalte Königskutsche; nur Narren versinken darin, wer Bescheid weiß, haftet nicht daran.

»Wie eine bemalte Königskutsche« bedeutet, daß sie zwar prächtig aussehen mag, aber letzten Endes kaputtgehen und auseinanderfallen wird. Diese anschauliche Metapher ist einfach eine Möglichkeit, sich das Wirken der Vergänglichkeit vor Augen zu führen.

6. Jemand, der einst nachlässig war, später aber wachsam wird, erhellt die Welt wie der unverhüllte Mond.
7. Wer Redlichkeit dazu nutzt, von ihm begangenes Unheil wettzumachen, erhellt die Welt wie der unverhüllte Mond.
8. Diese Welt ist blind; wenige sind hier imstande zu sehen. Wenige gelangen in den Himmel – wie Vögel, die aus einem Fangnetz entwischen konnten.
9. Der Zug der Schwäne folgt dem Lauf der Sonne, magische Kräfte durchdringen den Raum; die Weisen werden aus dieser Welt hinausgeleitet, da sie heillose Verwirrungen aller Art überwunden haben.

Der Weg zur Befreiung ist nicht wie eine weltliche Laufbahn, steigt nicht wie die Sonne auf und nieder und ist auch nicht wie die Laufbahn des Schamanen, der ebensosehr an die Welt gebunden ist, wenn auch an eine Wirklichkeitsauffassung anderer Ordnung. Der Weg zur Befreiung führt hinaus über alle Unfreiheit, sei sie von gewöhnlicher oder von übernatürlicher Art. Dies ist ein unumstößliches Wesensmerkmal buddhistischer Erleuchtung.

10. Wer gegen die Große Ordnung verstößt, Lügen erzählt und die jenseitige Welt negiert, wird vor keinem Übel zurückschrecken.
11. Die Geizigen kommen nicht in den Himmel, die Törichten preisen nicht die Barmherzigkeit. Der Weise hingegen, der an der Barmherzigkeit seine Freude hat, wird dadurch im Jenseits glücklich.
12. Vorzüglicher als alle Macht der Erde, vorzüglicher sogar, als in den Himmel zu kommen, und auch vorzüglicher

als die Oberhoheit über sämtliche Welten ist der Nutzen, den das Eintreten in den Strom hervorbringt.

Das »Eintreten in den Strom«, ein fester Begriff für eine erste Stufe buddhistischer Verwirklichung, läßt sich vielleicht am einfachsten definieren als: der Irreführung durch Anschauungen und Überzeugungen ein Ende setzen.

Der Erleuchtete

Dieses Kapitel bietet Auszüge aus den traditionellen Kurzfassungen von Buddhas grundlegenden Lehren – der Freiheit des Erleuchteten, den Vier Edlen Wahrheiten, dem Achtfachen Edlen Pfad, dem Frieden und der Freiheit von Nirvāna.

1. Von welcher Spur kann man den abbringen, der keiner Spur mehr folgt, den Erleuchteten mit seiner allumfassenden Wahrnehmung, dessen Sieg unumstößlich ist, an dessen Sieg nichts auf der Welt heranreichen kann?
2. Von welcher Spur kann man den abbringen, der keiner Spur mehr folgt, den Erleuchteten mit seiner allumfassenden Wahrnehmung, den kein betörendes Verlangen verführen kann?

Ein klassisches Zen-Sprichwort besagt: »Ein Elefant beschreitet keinen Kaninchenpfad; große Erleuchtung bedarf keines Lehrers mehr.«

3. Selbst die Götter möchten so sein wie die Weisen: fähig, sich ganz auf die Meditation einzulassen, sich der Stille des Gelöstseins erfreuend, vollkommen erwacht, von Achtsamkeit erfüllt.
4. Zum Menschen werden ist schwer; das Leben der Sterblichen ist mühsam. Unterweisung über die Wahrheit ist kaum jemals zu vernehmen; kaum jemals zeigen sich Buddhas.

»Die Vereinigung von Verschiedenheit und Gleichheit«, einer der frühen chinesischen Zen-Klassiker, beginnt und endet mit Zeilen, die an diesen Aphorismus erinnern, und diese Zeilen tragen, wie manche Kommentatoren sagen, den wesentlichen Bedeutungsgehalt des gesamten Textes in sich: »Der Geist des Buddha wird im Inneren übertragen, Osten oder Westen. ... Vertut keine Zeit!«

5. Nichts Schlechtes tun, Gutes vollbringen, den eigenen Geist läutern – dies ist die Unterweisung des Erleuchteten.

Der herausragende japanische Zen-Meister Dōgen hat eine komplette Abhandlung, »Begehe keinerlei Übel«, ausschließlich über die inneren und äußeren Bedeutungen dieses berühmten Ausspruchs geschrieben.

6. Geduldige Nachsicht ist die höchste Enthaltsamkeit; Nirvāna wird vom Buddha als das Erhabenste bezeichnet. Jemand, der anderen Leid zufügt, übt keine Entsagung; jemand, der bei anderen Leid hervorruft, ist kein Asket.

Gautama Buddha hat die Bedeutung von Entsagung und Askese neu definiert: eher als Enthaltsamkeit von alldem, was leidvoll ist, denn als Weltflucht und Abkehr von der Welt.

7. Nicht beleidigen, nicht verletzen, Selbstdisziplin, Mäßigung beim Essen und Trinken, Abgeschiedenheit, Bemühung um geistige Konzentration – das ist die Unterweisung durch die Buddhas.

Abgeschiedenheit bedeutet, sich von den Einflüssen der Gesellschaft distanziert zu haben. Darin kann man sich allein oder gemeinsam mit anderen üben. Wer äußerlich allein ist, aber weiterhin unter dem Einfluß anderer Menschen steht, lebt nicht abgeschieden. Wer die Welt der Einsamkeit zuliebe aufgibt, lebt ebensowenig abgeschieden, denn die Welt begleitet ihn weiterhin auf seinem Weg. Er bleibt weiterhin auf sie bezogen, wenn dieser Bezug auch in der Ablehnung bestehen mag.

Pang Yun, ein freigeistiger Gelehrter aus dem China des achtzehnten Jahrhunderts, hat einmal einen großen Zen-Meister gefragt: »Wen umgeben nicht ganze Myriaden von Dingen?« Der Meister sprach: »Ich werde es dir sagen, wenn du die Wasser des westlichen Flusses auf einen Zug ausgetrunken hast.«

Bei diesen Worten erfuhr Pang Yun sein Erwachen. Das Dasein in seiner Gesamtheit anzunehmen, ist eine direkte Methode, höchste Abgeschiedenheit zu erreichen, ohne das Leiden der Welt aus den Augen zu verlieren.

8. Die Begierden finden niemals Befriedigung, nicht einmal, wenn du mit Geld überschüttet würdest. Weise ist es, sich darüber im klaren zu sein, daß Begierden qualvoll sind und uns wenig Freude bereiten.

Qualvoll sind Begierden in dem Sinn, daß ein Zustand von permanenter Befriedigung der Sinne biologisch nicht möglich ist, und daher wird es qualvoll, wenn man die Zufriedenstellung von Begierden zum Selbstzweck macht. Der Buddha empfiehlt »den Verzehr von Mahlzeiten im vollen Wissen«, daß Begierde als instinktiv vorprogrammierter Mechanismus zur Aktivierung des Körpers dient, jedoch nicht der Beweggrund des Lebens ist.

Eine Übung, die allen von Nutzen sein kann, die die Dinge vielleicht nicht so sehen, besteht darin, eine detaillierte Bestandsaufnahme des eigenen Lebens und der eigenen Erfahrungen vorzunehmen. Hierbei kommt es darauf an, die in einem subjektiven Bezugsrahmen stehenden Erfahrungen von Erwartung, Hoffnung, Beunruhigung, Furcht, Sorge, Enttäuschung und so weiter von der tatsächlichen oder vermeintlichen Erfahrung einer bestimmten Befriedigung zu unterscheiden. Versuchen Sie, den relativen Aufwand an Beanspruchung, Planung, Bemühung und so weiter abzuschätzen, der mit bestimmten Befriedigungen verbunden ist. Stellen Sie außerdem sicher, daß Sie die primäre Erfahrung, den Nachgeschmack und die Erinnerung voneinander unterscheiden. So werden Sie vielleicht aufdecken können, was Ihnen davon nach vernünftigen Maßstäben lohnend erscheint; oder ob und – wenn ja – warum es anderweitig für Ihr Denken und Verhalten eine Bedeutung hat. Diese Übung kann für die Entwicklung eines konstruktiven Verständnisses nützlich sein, das unserem obsessiven Anhaften ein Ende bereitet.

9. Während er selbst an himmlischen Vergnügungen keine Freude findet, bereitet dem wahrhaft erwachten Schüler das Zunichtemachen des Verlangens Freude.

Der entscheidende Punkt in dieser Passage ist der, daß man buddhistische Meditation nicht mit dem Ziel betreibt, sich an veränderten Bewußtseinszuständen zu ergötzen (hier durch »himmlische Vergnügungen« versinnbildlicht).

10–11. Menschen begeben sich, von Furcht getrieben, zu manch einer Zuflucht – Berge, Wälder, Orte der Erholung, Bäume, Heiligtümer. Das ist keine sichere Zuflucht, das ist nicht die letztendliche Zuflucht; dadurch, daß man sich zu solch einer Zuflucht begibt, wird man nicht von aller Art von Leid befreit.

Wer aus diesem Blickwinkel »religiöses« oder »spirituelles Suchen« einer Prüfung unterzogen hat, kann noch klarer verstehen, warum der Buddha solchen Nachdruck auf eine von nichts sonst abhängige Befreiung durch vollkommene Einsicht gelegt hat.

12–13. Aber wer Zuflucht in den Erleuchteten, seine Unterweisung und die Gemeinschaft nimmt, gewinnt Einsicht in die Vier Edlen Wahrheiten: das Leiden, den Ursprung des Leidens und die Überwindung des Leidens; und den Achtfachen Edlen Pfad, der zum Aufhören des Leidens führt.

14. Dies ist tatsächlich eine sichere Zuflucht; dies ist die letztendliche Zuflucht. Bei dieser Zuflucht angekommen, ist man von allem Leid befreit.

Die »Gemeinschaft« bezieht sich buchstäblich und in einem spirituellen Sinn auf diejenigen, die sich durch die Lehren des Erleuchteten der Wahrheit zuwenden. Das ist nicht nur von konfessioneller, religiöser oder institutioneller, sondern in der Hauptsache von spiritueller Bedeutung. Dies wird im Kapitel »Die Meditation vom erleuchtenden, allumfassend guten Wesen« des *Avatamsaka-Sūtra* illustriert. Das *Mahāparinirvāna-Sūtra* definiert die wahre Gemeinschaft als allumfassende Liebe und objektive Realität.

Die Vier Edlen Wahrheiten sind die Grundtatsachen, zu denen Buddhisten Zuflucht nehmen:

1) Bedingte Daseinsformen sind unzulänglich.
2) Das Leiden daran hat eine Ursache.
3) Dieses Leiden hat ein Ende.
4) Es gibt einen Weg zur Beendigung dieses Leidens.

Diese Wahrheiten werden im Kapitel »Die Vier Heiligen Wahrheiten« des *Avatamsaka-Sūtra* höchst anschaulich definiert und illustriert. In diesem Kontext bezieht sich »Weg zur Beendigung dieses Leidens« auf den Achtfachen Edlen Pfad zu Nirvāna:

1) genaue Wahrnehmung
2) genaues Denken
3) genaues Sprechen
4) geeignetes Handeln
5) eine geeignete Art, seinen Lebensunterhalt zu verdienen
6) sorgfältige Bemühung
7) richtige Besinnung
8) richtige Sammlung

15. Eine edle Person ist schwer zu finden; so jemand wird nicht überall geboren. Wo auch immer solch ein Weiser geboren wird – diese Familie ist gesegnet.

Hier wendet der Buddha den hinduistischen Brahmanismus ins Gegenteil: Im Buddhismus bestimmt nicht die Geburt, wer »edel« ist, sondern die mehr oder minder edle Gesinnung bestimmt, wie jemand geboren wird.

16. Glückverheißend ist das Auftreten des Erleuchteten, glückverheißend ist die Lehre von der Wahrheit. Glückverheißend ist Harmonie in der Gemeinschaft, glückverheißend ist die Mäßigung derer, die in Harmonie miteinander leben.

17–18. Niemand kann das Verdienst von jemandem ermessen, der einem, der es verdient, Opfer darbringt – sei er ein Buddha oder ein Schüler –, einem, der über falsche Vernünfteleien hinausgelangt ist und der Kummer und Leid überwunden hat; niemand kann das Verdienst von jemandem ermessen, der denjenigen Opfer darbringt, die Nirvāna erreicht haben und von aller Furcht frei sind.

Dahinter steht nicht die Idee, künstlich eine Klasse von impertinenten, kostspielig herausgeputzten Bettlern zu erzeugen, sondern die Gesellschaft darin zu bestärken, daß sie das Beste an der menschlichen Natur und am menschlichen Charakter unterstützt.

Glück

Dieses Kapitel führt uns das Bild eines transzendenten Glücks durch innerliche Befreiung vor Augen, eines Zustands der inneren Ruhe – frei von Haß, frei von Ruhelosigkeit und frei von Furcht. Das unvergleichliche Glück, welches es beschreibt, wird uns als die Seinsweise des wahren Menschen vorgestellt, »weise, einsichtig, gebildet, ausdauernd, gewissenhaft, edel«.

1. Laßt uns höchst glücklich leben, frei von Haß mitten unter den von Haß Erfüllten; laßt uns inmitten der Menschen, die hassen, von Haß frei bleiben.
2. Laßt uns höchst glücklich leben, frei von Krankheit mitten unter den Kranken; laßt uns inmitten der kranken Menschen von Krankheit frei bleiben.
3. Laßt uns höchst glücklich leben, frei von Ruhelosigkeit mitten unter den Ruhelosen; laßt uns inmitten der Ruhelosigkeit von Ruhelosigkeit frei bleiben.

Diese ersten drei Aphorismen unterstreichen die Botschaft, daß man inneren Frieden nicht gewinnt, indem man der Welt zu entsagen versucht, sondern indem man in ihrer Mitte lebt, ohne sich zum Sklaven von Gier, Haß und Dummheit zu machen.

4. Laßt uns höchst glücklich leben, wenn wir auch nichts besitzen; laßt uns von der Glückseligkeit zehren wie die strahlenden Götter.

»Von der Glückseligkeit zehren« bedeutet, am Geschmack der gegenstandslosen Meditation Gefallen finden statt an Gedanken von Ehrgeiz und Bereicherung.

5. Wo ein Sieg errungen wird, entsteht Haß; unglücklich ist der Schlaf des Besiegten. Wer zur Ruhe gekommen ist, schläft behaglich und sorgenfrei, da er sich mit Sieg und Niederlage nicht mehr abgibt.

Im *Daodejing* heißt es: »Extreme Vorliebe bedeutet großen Aufwand, und Besitz in Überfülle bedeutet großen Verlust. Wenn du weißt, wann du genug hast, wird dir nicht das Wohlwollen der anderen verlorengehen. Wenn du weißt, wann du aufhören mußt, wirst du keiner Gefahr ausgesetzt sein. So wird es möglich, lange zu leben.«

6. Kein Feuer kommt der Leidenschaft gleich, kein Unglück dem Haß. Es gibt keine größere Misere als das körperliche Dasein, kein höheres Glück als innere Ruhe.

Im *Daodejing* heißt es: »Daß wir soviel Kummer haben, hat seinen Grund darin, daß wir einen Körper haben.« Das läßt sich auch so verstehen: »Daß wir soviel Kummer haben, hat seinen Grund darin, daß wir ein Ich haben.« Eine grundlegende buddhistische Übung besteht darin, sich in Zeiten von Gesundheit wie von Krankheit, in guten wie in schlechten Stimmungen, auf solche Aussagen zu besinnen. Beobachten Sie, wie solche an Hinfälligkeit und Sterblichkeit gemahnenden Worte sich jeweils auf Ihre Gefühle und Reaktionen auswirken.

7. Hunger ist die schlimmste Qual, bedingte Daseinszustände sind die schlimmsten Leiden. Wenn du dir im klaren darüber bist, wie sich dies verhält, ist Nirvāna das höchste Glück.

Zufriedenheit wird als ein sich niemals abnutzendes Gewand beschrieben.

8. Gesundheit ist der größte Gewinn, Zufriedenheit ist der größte Reichtum. Vertrauen ist die beste aller Beziehungen, Nirvāna ist die größte Freude.
9. Wenn man den Geschmack von Abgeschiedenheit und den Geschmack von innerer Ruhe in sich aufgesogen hat, wird man von Furcht befreit und von Unheil befreit. Denn man nimmt die Essenz des Sich-Erfreuens an der Wahrheit in sich auf.
10. Der Anblick der Edlen ist gut, der Umgang mit ihnen ist stets glückverheißend. Wer sich niemals mit unverständigen Narren einläßt, wird stets glücklich sein.
11. Wer auf Narren eingeht, wird auf lange Sicht Kummer haben; denn der Umgang mit Narren ist unweigerlich so schädlich wie der mit einem Feind.
12. Weise, einsichtig, gebildet, ausdauernd, pflichtbewußt, edel – haltet euch an jemanden, der *so* ist, an einen wahren, wirklich einsichtigen Menschen, wie der Mond sich an den Lauf der Gestirne hält.

Unter spirituell Suchenden gäbe es weniger Verwirrung über Lehrer und deren Authentizität, wenn sie hinter Äußerlichkeiten blicken würden, um wirkliche Qualitäten zu erkennen. Unter diesen Bedingungen, und vorausgesetzt, man kennt seine eigenen Tendenzen gut genug, um sie in Schach halten zu können, ist es nicht so schwierig, bei den Menschen zwischen Echtem und Falschem zu unterscheiden.

Freude

In diesem Kapitel richtet sich das Augenmerk hauptsächlich auf die schlichte Tatsache, daß obsessives Streben nach Freude zur Ursache von Leid wird. Es wird für denjenigen, der wie ein Besessener nach Freude auf der Suche ist, ebenso zur Ursache von Leid wie für diejenigen, die durch das selbstsüchtige und begierige Verhalten, das aus dieser Obsession erwächst, benachteiligt und mißbraucht werden. Ein unumgänglicher Schritt zu innerem Frieden und einem glücklichen Leben besteht deshalb darin, das Wesen und die Konsequenzen der Fesselung an zwanghafte Habgier zu begreifen.

1. In Zerstreuung verstrickt, nicht darum bemüht, Einheit zu erreichen, wird jemand, der aufgibt, was notwendig ist, weil er Erfreulichem verfallen ist, auf denjenigen neidisch sein, der es sich zur Aufgabe macht, Einheit zu erreichen.
2. Hängt niemals an dem, was erfreulich ist, oder an dem, was unerfreulich ist; Erfreuliches nicht zu erleben ist schmerzlich, und zu erleben, was unerfreulich ist, ebenso.
3. Darum entwickelt für nichts eine Vorliebe, denn der Verlust dessen, was man gern mag, ist unangenehm. Keine Hemmnisse gibt es für die, die keine Vorlieben oder Abneigungen haben.
4. Sorge entspringt aus dem, was einem lieb ist; Furcht entspringt aus dem, was einem lieb ist. Für jemanden, der

frei ist von Vorliebe, gibt es keine Sorge; wie könnte es da Furcht geben?

5. Sorge entspringt aus Anhänglichkeit, Furcht entspringt aus Anhänglichkeit; für jemanden, der frei ist von Anhänglichkeit, gibt es keine Sorge; wie könnte es da Furcht geben?
6. Sorge entspringt aus Genuß, Furcht entspringt aus Genuß; für jemanden, der frei ist von Genießen, gibt es keine Sorge; wie könnte es da Furcht geben?
7. Sorge entspringt aus Begierde, Furcht entspringt aus Begierde; für jemanden, der frei ist von Begehren, gibt es keine Sorge; wie könnte es da Kummer geben?
8. Sorge entspringt aus Verlangen, Furcht entspringt aus Verlangen; für jemanden, der frei ist von Verlangen, gibt es keine Sorge; wie könnte es da Furcht geben?

Die Logik, die den Aussagen 4 bis 8 zugrunde liegt, wird in den vorausgehenden Aphorismen 2 und 3 umrissen.

9. Vollendet in seiner Handlungsweise und seinem Weitblick, auf die Wahrheit achtend, beim Sprechen aufrichtig, sich nur um das kümmernd, was ihn angeht – einen solchen Menschen schließt die Welt ins Herz.
10. Wer zum Unbenennbaren aufstrebt, wer von Bewußtsein durchdrungen und wessen Geist nicht an Begierden gebunden ist, von dem sagt man, daß er gegen den Strom schwimmt.

In diesem Kontext bedeutet »gegen den Strom schwimmen«, gegen die Macht von Meinung und längst überlebter Gewohnheit gefeit zu sein, die normalerweise Menschen davon abhält, ihre Eigenart und ihre Bestimmung von einem anderen Blickpunkt her zu hinterfragen.

11–12. Wenn ein Mensch nach langer Abwesenheit von weither sicher heimkehrt, freuen sich Verwandte, Freunde und wohlwollend gesonnene Menschen sehr über seine Rückkehr. So wird auch einer, der Gutes getan hat, wenn er von dieser Welt in die jenseitige hinübergegangen ist, von seinen guten Taten so empfangen, wie Verwandte einen ihrer Lieben bei der Heimkehr empfangen.

Ähnlich heißt es im Islam, daß man die Auswirkungen seiner Handlungen »vorausschickt« oder »in die Zukunft schickt« und dann in der Schlußabrechnung am Ende dieses Lebens auf sie stößt.

Zorn

Dieses Kapitel geht näher darauf ein, welche Vorteile es hat, frei zu sein von Zorn und Feindseligkeit. Bestimmte Aphorismen bieten ferner praktischen Einblick, wie man durch Transformation der Einstellung und gewohnheitsmäßigen Prägung diese Irritationen bei sich selbst und sogar bei anderen überwinden kann.

1. Laßt ab von Zorn, gebt auf den Stolz; überwindet jedes Anhaften. Kein Leid widerfährt dem, der nicht an Name und Form festhält.

   Mit »Name und Form« sind Ideen und Objekte ohne jede Ausnahme gemeint. An ihnen festzuhalten, als seien sie wahr oder geheiligt, nicht bloß in einer bestimmten Situation recht oder fehl am Platz, ist eine Art von Götzenverehrung.

2. Jemand, der seinen Zorn beherrscht, sobald er aufwallt, wie man einen aus der Bahn geratenen Wagen lenken würde, den nenne ich einen Wagenlenker; andere Menschen halten bloß die Zügel.
3. Überwindet Zorn durch Nicht-Zorn, überwindet Schlechtes durch Gutes. Überwindet den Geizigen durch Geben, überwindet den Lügner durch Wahrheit.

   Buddhistische Gewaltlosigkeit ist nicht auf passiven Widerstand beschränkt, sondern beinhaltet auch aktive Transformation.

4. Sagt die Wahrheit, werdet nicht zornig, und gebt, wenn ihr darum gebeten werdet, sei es auch nur ein wenig. Mit diesen drei Eigenschaften kommt man in den Kreis der Götter.
5. Weise, die keinen Schaden anrichten, die stets den Körper unter Kontrolle haben, kommen an eine unvergängliche Stätte, wo sie keinen Kummer haben werden.
6. Bei den immer Wachsamen, die sich – Nirvāna zugewandt – Tag und Nacht eifrig üben, hat es mit Zwängen ein Ende.
7. Es ist eine alte, keine neue Redensart: »Sie setzen jemanden herab, der in Schweigen verharrt, sie setzen jemanden herab, der viel redet, und sogar jemanden, der maßvoll redet, setzen sie herab.« Niemanden gibt es auf der Welt, der nicht herabgesetzt wird.
8. Es hat niemals jemanden gegeben, wird niemals jemanden geben und gibt jetzt niemanden, der immer nur herabgesetzt oder immer nur hochgelobt wird.

Die Aphorismen 7 und 8 zeigen eine Kontemplation zur Befreiung des einzelnen von dem, was wir heutzutage als Druck innerhalb einer sozialen Bezugsgruppe bezeichnen.

9–10. Wer wäre nicht bereit, jemanden zu preisen, der wie eine Münze aus feinstem Gold ist, jemanden, den die Verständigen preisen, nachdem sie ihn tagein und tagaus als makellos, beherrscht, klug, einsichtig, moralisch untadelig und gefaßt erlebt haben. Sogar die Götter preisen so jemanden, sogar der Schöpfer.

Der Name des letzten Propheten der abrahamischen Überlieferung, der diese Eigenschaften verkörpert hat, bedeutet wortwörtlich »Der Gepriesene«. Eine ähnliche Beschreibung gibt es in einem Hymnus der Thora.

11. Hütet euch vor physischer Erregung, seid maßvoll in euerm physischen Vorgehen. Gewöhnt euch körperliche Entgleisungen ab, übt mit dem Körper Wohlverhalten.
12. Hütet euch davor, beim Reden ungehalten zu sein, seid maßvoll im Reden. Gewöhnt euch ab, euch im Ton zu vergreifen, übt euch in Wohlverhalten, wenn ihr redet.
13. Hütet euch davor, im Geist ungehalten zu sein, seid maßvoll in euerm Geist. Gewöhnt euch geistige Unsitten ab, übt mit dem Geist Wohlverhalten.
14. Die Weisen, die Körper, Rede und Geist beherrschen, haben fürwahr die vollendete Beherrschung.

Körper, Rede und Geist bezeichnet man in der esoterischen Tradition des tantrischen Buddhismus auch als die Drei Mysterien. Auf einer bestimmten Stufe erfährt der Suchende die unmittelbare Einheit oder grundlegende Kontinuität der Drei Mysterien in sich selbst und der Drei Mysterien des Buddha im eigenen Geist als allgegenwärtige Wirklichkeit.

Verunreinigung

Dieses Kapitel beschreibt und definiert, welcherlei Verunreinigungen beseitigt werden müssen, bevor innerer Frieden wirklich eintreten kann, und führt bestimmte Meditationen ein, um den Prozeß zu unterstützen. Indem man der Verunreinigung gewahr wird, so der Gedanke, kann man die zur Befreiung notwendige Wachsamkeit auf natürliche Weise entwickeln.

1. Ihr seid jetzt wie verwittertes Laub; tatsächlich sind die Vorboten des Todes schon an euch herangetreten. Ihr steht bereits auf der Schwelle, von hier fortzugehen, doch habt ihr keine Reisevorkehrungen getroffen.
2. Schafft euch eine Insel, begebt euch gleich an die Arbeit; werdet weise. Wenn ihr von Verunreinigung geläutert und von geistigem Makel frei seid, werdet ihr das kostbare himmlische Dasein erlangen.
3. Ihr steht nun am Ende eures Lebens; ihr seid im Umkreis des Todes angekommen. Da gibt es auf dem Weg keinen Ort der Rast für euch, und ihr habt keine Reisevorkehrungen getroffen.

In der Praxis ist entscheidend, sich in Erinnerung zu rufen, daß Aphorismen wie diese kein weltanschauliches Dogma, sondern Kontemplationsübungen darstellen.

4. Schafft euch eine Insel, begebt euch gleich an die Arbeit; werdet weise. Wenn ihr von Verunreinigung geläutert

und von Makel frei seid, braucht ihr nicht länger an Geburt und Alter teilzuhaben.

5. Laßt den Klugen nach und nach, Stück um Stück, von Moment zu Moment, sich von der Verunreinigung durch das Ich frei machen, so wie der Silberschmied Verunreinigungen aus dem Silber entfernt.
6. Ganz wie der Rost das Eisen zerfrißt, das ihn hervorbringt, so bringen ihre eigenen Handlungen diejenigen, die sich zu sehr gehen lassen, in eine erbärmliche Verfassung.
7. Wenn man nicht in die Anrufung einstimmt, verunreinigt das eine rituelle Rezitation, bei Untätigkeit wird ein Haus verunreinigt, Trägheit ist Verunreinigung des Charakters, Unachtsamkeit ist eines Wächters Verunreinigung.
8. Ungebührliches Verhalten ist bei einer Frau Verunreinigung, Geiz ist bei einem Spender Verunreinigung. Schlechte Gewohnheiten sind Verunreinigungen in dieser und in der jenseitigen Welt.
9. Sogar noch unreiner als jene Unreinheiten, die äußerste Unreinheit, ist Unwissenheit. Legt diese Unreinheit ab und seid makellos.

Der Buddhismus sieht Unwissenheit als die Wurzel allen Übels an; daher ist sie die äußerste Unreinheit.

10. Mühelos lebt es sich für den Dreisten, für den Unverschämten, für den Räuberischen, für den Prahlerischen, für den Leichtsinnigen, für den Unlauteren.
11. Doch schwierig ist das Leben für den Bescheidenen, der stets nach Lauterkeit trachtet, für den Unabhängigen, für den Umsichtigen, für den Sehenden, der in Anstand lebt.

»Schwierig« und »mühelos« beziehen sich hier hauptsächlich auf die Übereinstimmung oder den Dissens mit der Gesellschaft, nicht auf den faktischen persönlichen Energieaufwand für die entsprechenden Handlungen.

12–13. Wer Leben zerstört, die Unwahrheit sagt, nimmt, was ihm nicht gegeben wurde, sich der Frau eines anderen zuwendet oder sich dem Trinken hingibt, untergräbt seine eigenen Wurzeln gleich hier in dieser Welt.

14. Wisse dies, o Menschengeschlecht: Schlechte Gewohnheiten entwickeln sich unkontrolliert; laßt nicht zu, daß Gier und mißliches Verhalten auf lange Sicht Leid für euch heraufbeschwören.

Kontrolle können wir lediglich über unsere eigenen Handlungen ausüben; ebenso wie wir andere nicht vor den Konsequenzen ihrer Taten schützen können, so können wir fairerweise auch nicht erwarten, daß andere uns von den Konsequenzen unserer Taten entbinden, nachdem wir für uns das Recht oder die Freiheit in Anspruch genommen haben, unseren eigenen Weg zu wählen.

15–16. Menschen spenden entsprechend ihrem Glauben und Gewissen; wer einem anderen neidet, was er ißt oder trinkt, bringt es niemals zu Konzentration, weder bei Tag noch bei Nacht. Kann man jedoch damit brechen, es samt seiner Wurzel entfernen, gewinnt man Konzentration bei Tag und bei Nacht.

Wenn man innerhalb institutioneller Strukturen dem Konkurrenzdenken einen Nährboden bietet, führt das letzten Endes immer dazu, daß dort die Verwirklichung eines lebendigen Buddhismus scheitert, gleichgültig welcher Eindruck nach außen hin erweckt wird. Denn da ist gewissermaßen ein

»Leck« vorhanden, eine »Bruchstelle« – und so läßt sich eine zunehmende Konzentration auf die Wahrheit nicht schaffen.

17. Kein Feuer kommt der Leidenschaft gleich, kein Eroberer dem Haß, keine Falle der Verblendung, keine Marter dem Verlangen.
18. Es ist leicht, die Fehler anderer zu sehen, aber schwer, die eigenen zu sehen. Die Fehler von anderen siebt man heraus wie Spreu, verbirgt jedoch seine eigenen, wie ein gewiefter Betrüger es kaschiert, wenn seine Würfel verlieren.
19. Bei jemandem, der auf die Fehler von anderen achtgibt, stets bereit, sie zu tadeln, steigern sich die Zwänge; solch einer ist weit entfernt davon, daß Zwang ein Ende hat.
20. Am Himmel gibt es keine Straße, Askese besteht nicht aus Äußerlichkeiten; das Menschengeschlecht findet an Falschheit Gefallen – die das Sosein verwirklichen, sind von Falschheit frei.
21. Am Himmel gibt es keine Straße, Askese besteht nicht aus Äußerlichkeiten; im Bedingten gibt es nichts Dauerhaftes, bei Buddhas gibt es keinen Wankelmut.

Diese Epigramme legen dar, warum der Weg des Erleuchteten »spurlos« ist (siehe auch S. 39f.) und sich nicht auf einen festgeschriebenen Bestand an Lehrsätzen und rituellem Vorgehen reduzieren läßt.

Der Gerechte

Dieses Kapitel vergleicht Wertvorstellungen, die auf oberflächlichem Schein und Erfüllung von Konventionen basieren, mit solchen Wertvorstellungen, die von den inneren Realitäten des Seins und der Kultivierung charakterlicher Qualitäten ausgehen.

1. Wer sein Vorwärtskommen erzwingt, ist nicht gerecht; wer beides herausgefunden hat – was günstig ist, und was nicht –, ist einsichtig.
2. Wer andere ohne Zwang anleitet, gerecht und unvoreingenommen, wird als Hüter der Lehre, als weise und rechtschaffen bezeichnet.

Hier geht es um die Unvereinbarkeit von autoritärem Gehabe und einer authentischen buddhistischen Schulung.

3. Jemand ist nicht weise, bloß weil er viele Worte macht; von jemandem, der ruhig, frei von Feindseligkeit und ohne Furcht ist, sagt man, er sei verständig.
4. Jemand ist nicht ein Halter der Lehre, bloß weil er viele Worte macht; jemand, der die Lehre als Ganzes sieht, selbst wenn er nicht sonderlich gelehrt ist, der die Lehre nicht mißachtet, ist tatsächlich ein Halter der Lehre.
5. Nicht deshalb ist einer Dorfältester, weil er graue Haare bekommen hat; obgleich jemand ein hohes Alter erreicht hat, mag man von ihm sagen, das Älterwerden habe ihm nichts eingebracht.

6. Jemand, bei dem Wahrhaftigkeit, Gerechtigkeit, Gewaltlosigkeit, Zurückhaltung und Beherrschung vorhanden sind, ist tatsächlich von Verunreinigung geläutert, weise; dann wird er als Dorfältester bezeichnet.
7. Weder durch Reden allein noch durch schönes Aussehen wird ein mißgünstiger, habsüchtiger Schwindler untadelig.
8. Bei wem dies von Grund auf beseitigt ist, bis auf die Wurzeln ausgeräumt, der von Verderbtheit befreite Weise, den nennt man untadelig.
9. Wer undiszipliniert ist und die Unwahrheit sagt, ist kein Asket, nur weil er seinen Kopf geschoren hat; wie kann jemand voller Begehren und Habgier ein Asket sein?
10. Doch wer vermag, alle Übel, groß und klein, sich legen zu lassen, den bezeichnet man als Asketen, weil er alle Übel zum Erliegen gebracht hat.
11. Jemand ist kein Bettelmönch, bloß weil er bei anderen bettelt. Erst dann ist jemand ein Bettelmönch, wenn er die ganze Wahrheit bereitwillig annimmt.
12. Wer einfach ist, gut und schlecht transzendiert hat und rücksichtsvoll in der Welt agiert, den bezeichnet man als Bettelmönch.

13–14. Wer verblendet und unwissend ist, wird nicht dadurch, daß er schweigt, zum Weisen; sondern weise ist der Verständige, der unvoreingenommen abwägt und sich dann dem widmet, was das beste ist.

15. Wer den Lebewesen Schaden zufügt, der hat keine edle Gesinnung; jemanden, der alle Lebewesen unbeschadet läßt, bezeichnet man als edel.

16–17. Weder bloß durch Verhaltensregeln und religiöse Vorschriften noch durch große Gelehrsamkeit, auch nicht durch die Fähigkeit zur Konzentration oder durch Schlafen allein erreiche ich das Glück der Unabhängigkeit, zu dem kein weltlich gesonnener Mensch gelangt. Falls ihr den Zwängen kein Ende gesetzt habt, nährt euern Glauben.

Die Epigramme 3 bis 17 wiederholen auf unterschiedliche Weise den Grundsatz, daß man hinter oberflächliche Erscheinungen und Benennungen blicken sollte, um die wahren inneren Qualitäten zu erkennen. Sie führen uns auch vor Augen, daß in spiritueller Hinsicht bei der Ausübung des Buddhismus nicht rituelle Äußerlichkeiten und klösterliche Verrichtungen das Entscheidende sind.

Der Weg

Dieses Kapitel gibt einen Überblick über den vom Buddha gewiesenen Weg zur Läuterung des Geistes und zum Erreichen inneren Friedens. Besonders betont wird der Gedanke, daß der Buddha lediglich den Weg zeigt, während es der – nur aus freiem Willen zu treffenden – persönlichen Entscheidung und Verantwortung des einzelnen vorbehalten bleibt, ob und mit welchem Eifer sie oder er sich diesem widmet. Einschränkende, autoritäre Maßregelungen helfen uns auf dem Weg nicht weiter, sondern nur eigene unmittelbare Erkenntnis der Wahrheiten, die dem Weg zugrunde liegen.

1. Der achtfache ist der beste unter den Pfaden; die vier Erklärungen sind die besten unter den Wahrheiten. Leidenschaftslosigkeit ist der beste unter den Grundsätzen; Sehende sind die besten unter den Menschen.

   Zu »Achtfacher Pfad« und »Vier Wahrheiten«: siehe Kommentare auf S. 69f.

2. Dies ist der Weg; kein anderer führt zur Läuterung unserer Sichtweise. Diesem solltet ihr folgen, denn so schüttelt ihr den Mörder ab.

   Der Ausdruck »Mörder« bezieht sich auf die Verblendung oder »heillose Verwirrung« (siehe auch S. 25f.), die der Weisheit ihre Lebenskraft raubt.

3. Indem ihr diesem Weg folgt, werdet ihr eurem Leiden ein Ende setzen. Ich habe den Weg kundgetan, nachdem ich verstanden hatte, wie sich die Pein lindern läßt.
4. Die Bemühung müßt ihr unternehmen; die Buddhas sagen euch nur wie. Die Kontemplativen, die dem Weg folgen, sind von den Fesseln des Mörders frei.

Die Beziehung zwischen dem, der Anleitung gibt, und dem Suchenden ist nicht durch emotionale, intellektuelle oder institutionelle Abhängigkeit gekennzeichnet; keine noch so große Hilfe kann uns das abnehmen, was *wir* für uns tun müssen.

5. Wenn jemand durch Einsicht erkennt, daß alle bedingten Seinsweisen vergänglich sind, dann wird er des Leidens überdrüssig; dies ist der Weg zur Lauterkeit.
6. Wenn jemand durch Einsicht erkennt, daß alle bedingten Seinsweisen leidvoll sind, dann wird er des Leidens überdrüssig; dies ist der Weg zur Lauterkeit.

In dem im Abendland gängigen Sprachgebrauch ist die erste Wahrheit oftmals zu der Übersteigerung aufgebauscht worden, Leben sei Leiden. Dabei heißt die entscheidende Frage: Ist dieses Leben an die bedingten Seinsweisen gefesselt, oder ist es von dieser Fessel befreit? Weit davon entfernt, pessimistisch zu sein, wie in bezug auf die Übersteigerung der ersten Wahrheit häufig vom Buddhismus behauptet wurde, ist er durch seinen Glauben daran, daß der Mensch sich individuell und kollektiv über seine Torheit, seine Gier und seine Aggression erheben kann, vielmehr der Inbegriff von Optimismus.

7. Wenn jemand durch Einsicht erkennt, daß alle Dinge ohne ein Selbst sind, dann wird er des Leidens überdrüssig; dies ist der Weg zur Lauterkeit.

Bemerkenswert ist: Das *Dhammapada* nimmt nicht unmittelbar Bezug darauf, daß *Personen* kein Selbst haben, und spricht lediglich davon, daß *Dinge* kein Selbst haben. Dies steht in Einklang mit der Sicht des Größeren Weges, wo die Tatsache, daß Personen kein Selbst haben, als positives Faktum mit grenzenlosen Möglichkeiten begriffen wird, welches darauf basiert, daß *sämtliche Phänomene* kein Selbst haben. Im buddhistischen Yoga bezeichnet man den inneren Aspekt dieser Lehre, die wahre Beschaffenheit der Dinge, als die Selbstlosigkeit der Dinge im Sosein.

8. Der Müßiggänger, der sich nicht erhebt, wenn es an der Zeit ist, sich zu erheben, der trotz seiner Jugend und Stärke voller Faulheit ist, dessen Denken und dessen Geist träge sind, findet nicht den Weg zur Einsicht.

Wer die Welt durch gedankenlose* Meditation transzendieren will, erreicht womöglich sämtliche Stufen von Gedankenlosigkeit, wird auf diese Weise aber nicht zu einer Vervollkommnung gelangen. Sie oder er gelangt, wie dieser Aphorismus darlegt, nicht einmal zu Einsicht. Vor allem durchschauen die Betreffenden nicht ihre eigene Gedankenlosigkeit. Dies sind die Leute, die in die Fänge wichtigtuerischer Gurus geraten; manche von ihnen werden dann ihrerseits wichtigtuerische Gurus.

9. Stets achtsam im Reden und zurückhaltend im Geist, sollte man mit dem Körper nichts Unrechtes tun. Man

* Hier geht es, so gut die Mehrdeutigkeit von »gedankenlos« auch passen mag, in erster Linie um die wortwörtliche Bedeutung »ohne Gedanken«. Damit wird jenes tiefverwurzelte Mißverständnis angesprochen, demzufolge man Meditation fälschlich für einen Zustand ohne jede Gedankenbewegung hält. Ein derartiger Zustand wäre allerdings keine Meditation, eher der Zustand von einem Stück Holz oder – drastisch formuliert – eines Holzkopfes. Siehe auch Th. Clearys Kommentar S. 112–113. (A. d. Ü.)

sollte diese drei Handlungsweisen läutern und sich auf den Weg begeben, der von den Sehenden gewiesen wird.

10. Weisheit kommt durch Bemühung zum Vorschein, Weisheit verschwindet infolge des Mangels an Bemühung; wenn man diesen zweifachen Weg des Zunehmens und Abnehmens kennt, sollte man es bei sich so einrichten, daß die Weisheit zunimmt.

»Man sollte es bei sich so einrichten, daß die Weisheit zunimmt.« Dies ist eine der einfachsten, doch zugleich anspruchsvollsten Übungen. Wie kann man sein Leben – einschließlich seiner Gedanken und Gefühle, seiner Gespräche und Handlungen – Punkt für Punkt so einrichten, daß sich ein Maximum an Einsicht und Verständnis für das Leben selbst und ein Minimum an unnötiger Ablenkung und Belastung ergibt? Zu den problematischen Erfahrungen, die man offenbar im Verlauf des Selbsterneuerungsprozesses macht, zählt, daß man glaubt, aufgeben oder ablegen zu müssen, was man lediglich abzuändern braucht, und nur abändern zu müssen, was man tatsächlich aufgeben oder ablegen muß.

11. Fällt nicht den Baum, lichtet den Wald; die Gefahr rührt vom Wald her. Wenn ihr den Wald gelichtet und damit das Verlangen verkleinert habt, werdet ihr Nirvāna erreichen.

Dem *Mahāparinirvāna-Sūtra* zufolge versinnbildlicht der Baum den Körper, der Wald das Dickicht der Gedanken. Bei dem klassischen Zen-Meister Baizhang heißt es: »Der Wald symbolisiert den Geist, der Baum symbolisiert den Körper. Angst wird geweckt, da vom Wald die Rede ist, und deshalb heißt es: ›Den Wald sollt ihr lichten, nicht den Baum fällen.‹« Dies unterstreicht, daß im Buddhismus mit Enthaltsamkeit und Entsagung nicht Selbstkasteiung gemeint ist, sondern Klärung des Geistes.

12. Solange das Verlangen eines Mannes nach einer Frau, so klein es auch sei, nicht durchtrennt ist, so lange ist sein Geist gebunden, wie ein Kalb im Säuglingsalter an seine Mutter gebunden ist.

Oberflächliche Interpreten folgern hieraus, erleuchtete Menschen könnten an Liebesempfindungen und Sinnesfreude nicht ebenso teilhaben wie an Kummer und Schmerz. Paradoxerweise scheinen häufig gerade diejenigen, die sich diese Interpretation zu eigen machen, nicht an die Möglichkeit des Freiseins von Anhaftung zu glauben. Und so gibt es verheiratete Mönche, die – von zölibatär lebenden Berufstätigen finanziell unterstützt – Kinder in die Welt setzen; und Laien, die, statt ihre diesbezügliche Erfahrung zu transformieren, sich dogmatisch mit der Frage herumschlagen, ob sie ihre Sinnlichkeit nun unterdrücken oder genießen sollen.

13. Entwurzelt die Selbstverliebtheit, wie ihr eine Herbstzeitlose mit der Hand aus dem Boden holen würdet; haltet den Weg zum Frieden, zu Nirvāna, den der Glückselige gewiesen hat, in Ehren.

Der Glückselige (*Sugāta*, der in die Glückseligkeit Eingegangene) ist eine der geläufigen Bezeichnungen des Buddha, die seine Eigenschaften beschreiben.

14. »Während der Regenzeit werde ich hier leben, im Winter und im Sommer« – so denkt der Narr, des Hindernisses nicht gewahr.

Bei dem klassischen Zen-Meister Yunmen heißt es: »Vergeude keine Zeit damit, übers Land zu ziehen, indem du hier einen Winter und dort einen Sommer verbringst, dich an der Landschaft erfreust, an allem, was dich fasziniert, und dein Los überall dort mit anderen teilst, wo dir viele Mahlzeiten geboten werden. Au! Au! Indem du so für diesen Reissack vorsorgst, hast du schon einen Halbjahresvorrat verloren! Wenn du derart auf eine ›Pilgerreise‹ gehst, von welchem Nutzen wird sie dann wohl sein?«

15. Ein Mensch, dessen Geist in Beschlag genommen ist von der Sorge um Kinder und allerlei Besitz, wird vom Tod fortgerissen wie ein im Schlaf liegendes Dorf von einer Flut.
16. Kinder sind kein Schutz, der Vater ist keiner und auch nicht die Sippe; es gibt keine Zuflucht zu Verwandten für einen, den der Tod ereilt.
17. Indem er die Bedeutung dessen begreift, sollte der Weise mit seinem umsichtigen Verhalten schnell den Weg freimachen, der zu Nirvāna führt.

Die Epigramme 15 bis 17 besagen nicht, daß wir unsere Kinder, unsere Familien und unser Zuhause im Stich lassen sollen. Vielmehr sollten wir unsere subjektiv vorgefaßten Vorstellungen von ihnen fallenlassen und mit Menschen wie mit Dingen unbefangen umgehen. Wir sollten vor allem nicht glauben, ihre Liebe und Zuneigung befreie uns von unserer Verantwortung. Ferner müssen wir wissen, daß unsere Liebe und Zuneigung denjenigen, denen sie gilt, nicht ihre eigene Verantwortung abnimmt, daß sie vielmehr ihr Leben mit all seinen Erfahrungen auf eigenen Schultern zu tragen haben. Menschen können einander helfen, doch kann nicht einer das Leben des anderen führen. Der wandernde Heilige Ippen aus der buddhistischen Schule des Reinen Landes hat gesagt: »Es gibt drei Menschentypen, die sich im Gedenken an den Buddha üben. Die zuhöchst Befähigten, auch wenn sie verheiratet sind und eine Familie mit Kindern haben, erreichen die Wiedergeburt* allein schon dadurch, daß sie auf nichts

* Wiedergeburt bedeutet hier – für die Anhänger der Schule des Reinen Landes – die Wiedergeburt im Reinen Land. (A. d. Ü.)

fixiert sind. Die mittelmäßig Befähigten können Frau und Kinder aufgeben, haben aber noch Unterkunft, Nahrung und Kleidung; doch dadurch, daß sie auf nichts fixiert sind, erreichen sie die Wiedergeburt. Die am wenigsten Befähigten erreichen die Wiedergeburt dadurch, daß sie alles aufgeben. Mein Leben führe ich so, weil ich zu den am wenigsten Befähigten zähle und mir dessen sicher bin, daß ich mich im Augenblick des Todes an den Dingen festklammern und so die Wiedergeburt verfehlen würde, falls ich nicht alles aufgeben würde.« Als jemand anderes Einspruch erhob und meinte, diese Darlegung weiche von dem ab, was eine bestimmte Schrift besage, erklärte der Heilige: »Alle buddhistischen Unterweisungen befassen sich mit Geisteszuständen, nicht mit äußeren Erscheinungen. Von zu Hause fortgehen und ehrgeizige Bestrebungen im Geist aufgeben, sich dabei an nichts obsessiv klammern, das wird als Wesensmerkmal höherer Art angesehen.«

Vermischtes

Wie die Überschrift verrät, beschäftigt sich dieses Kapitel mit einer Reihe von Themen. Bei den hier zusammengefaßten Aphorismen geht es im großen und ganzen darum: über begrenzte zeitliche Vergnügungen hinauszuschauen, hin zu letztendlichem Glück; das Denken auf die Ursachen von Unfreiheit und Freiheit zu lenken und den Geist zur Wirklichkeit erwachen zu lassen.

1. Wenn man durch das Aufgeben begrenzter Vergnügungen umfassendes Glück erleben kann, läßt der Weise von begrenzten Vergnügungen ab und ist auf umfassendes Glück bedacht.
2. Wer sein eigenes Vergnügen dadurch sucht, daß er anderen Leid zufügt, der ist, weil in Feindseligkeit verstrickt, nicht von Haß befreit.

Die Epigramme 1 und 2 lassen sich auch gut auf den geschäftlichen und diplomatischen Bereich anwenden.

3. Wenn sie außer acht lassen, was getan werden sollte, und tun, was nicht getan werden sollte, vergrößern sich die Zwänge bei den Arroganten und Sorglosen.
4. Doch bei denen, die achtsam sind und unterscheiden können, deren Geist umsichtig und stets auf den Körper konzentriert ist, die sich nicht mit dem abgeben, was nicht zur Erledigung ansteht, sondern in dem fortfahren, was getan werden sollte, hat es mit Zwängen ein Ende.

Konzentration auf den Körper hat drei Stufen. Auf dem Kleineren Weg stehen Vergänglichkeit, Sterblichkeit und die Tatsache, daß er dauernder Säuberung und Pflege bedarf, im Mittelpunkt. Auf dem Größeren Weg steht seine der Weite des Himmels gleichende Raumhaftigkeit im Mittelpunkt. Im Tantra, der Fundamentalen Kontinuität, steht seine essentielle Reinheit im Mittelpunkt.

5. Indem er Mutter und Vater tötet sowie zwei kriegerische Könige und indem er ein Königreich mit all seinen Untertanen tötet, ist der priesterliche Mensch unbekümmert.

   Mutter und Vater stehen für Gier und Selbstgefälligkeit. Die beiden kriegerischen Könige sind das Festhalten an und das Zurückweisen von etwas. Das Königreich mit all seinen Untertanen ist die Gesamtheit der Lebenserfahrung des einzelnen im Bereich des bedingten Daseins.

6. Indem er Mutter und Vater tötet sowie zwei gelehrte Könige und indem er fünf bemerkenswerte Männer tötet, ist der priesterliche Mensch unbekümmert.

   Die zwei gelehrten Könige sind eternalistische und nihilistische Ansichten. Die fünf bemerkenswerten Männer sind Leidenschaft, Wut, Abstumpfung, Erregung, die Reue nach sich zieht, und Zweifel.

7. Diejenigen, die Gautama Gehör schenken, sind, ihre Gedanken auf den Erleuchteten gerichtet, Tag und Nacht stets hellwach.
8. Diejenigen, die Gautama Gehör schenken, sind, ihre Gedanken auf die Unterweisung gerichtet, Tag und Nacht stets hellwach.

9. Diejenigen, die Gautama Gehör schenken, sind, ihre Gedanken auf die Gemeinschaft gerichtet, Tag und Nacht stets hellwach.
10. Diejenigen, die Gautama Gehör schenken, sind, ihre Gedanken auf den Körper gerichtet, Tag und Nacht stets hellwach.
11. Diejenigen, die Gautama Gehör schenken, sind, ihre Gedanken darauf gerichtet, kein Leid zu verursachen, Tag und Nacht stets hellwach.
12. Diejenigen, die Gautama Gehör schenken, sind, ihre Gedanken auf die Übung gerichtet, Tag und Nacht stets hellwach.

Mit »diejenigen, die Gautama Gehör schenken«, sind die gemeint, die Gautama Buddhas Unterweisungen Folge leisten, nicht etwa Menschen, die Buddha als »Gott« verehren.

13. Trostloses Zuhause: schwer, es zu verlassen; schwer, sich an ihm zu erfreuen; schwer, in ihm zu leben. Mit denen zusammenzuleben, zu denen man keine Geistesverwandtschaft hat, ist trostlos. Der Vagabund wird von Leid verfolgt. Darum laßt niemanden zum Vagabunden werden, laßt nicht zu, daß jemand auf Schritt und Tritt von Leid verfolgt wird.

»Zuhause« symbolisiert psychische Einstellungen, die wir uns aus Gewohnheit und infolge von Konditionierung zugelegt haben.

14. Der Aufrichtige von tadellosem Verhalten, dem guter Ruf und Wohlergehen gewiß sind, wird allerorts ehrerbietig behandelt.
15. Gute Menschen verbreiten weithin sichtbaren Glanz wie die Schneeberge; wer nicht gut ist, ist hier nicht zu sehen – wie Pfeile, die in die Dunkelheit geschossen werden.

16. Allein sitzen, allein schlafen, allein tätig sein; laßt den Eifrigen Gefallen daran finden, allein im Wald sich selbst zu zähmen.

Die Hölle

Die in diesem Kapitel zusammengestellten Epigramme befassen sich ausdrücklich mit der Eigenart von gewohnheitsmäßigen Einstellungen und Reaktionen, die zu den allerschlimmsten Resultaten führen. Solche Wege zur Hölle sind im übrigen nicht bloß die weltlichen Laster; Oberflächlichkeit und Scheinheiligkeit bei religiösen Betätigungen und zeremoniellen Verrichtungen gehören ebenfalls dazu. Extreme Askese oder Selbstkasteiung, bei der man Entsagung übt, wo das gar nicht nötig ist, und ähnliche von Vorurteilen bestimmte Denk- und Handlungsweisen werden speziell denen als Warnung vor Augen geführt, die zu fanatischem Eifer im Namen von Spiritualität neigen.

1. Wer die Unwahrheit spricht, kommt in die Hölle, wie auch jemand, der behauptet, nicht getan zu haben, was er tatsächlich getan hat. Nach dem Tod werden beide gleich – im Jenseits Menschen von niederträchtigen Handlungen.
2. Viele, die die safranfarbene Robe tragen, sind schlecht und zügellos. Übeltäter kommen durch ihre üblen Taten in die Hölle.
3. Für eine unmoralische und zügellose Person ist es besser, eine rotglühende Eisenkugel zu verschlingen, als von anderen Menschen gespendete Nahrung zu verzehren.

Die Vorstellung, die Mönche seien tatsächlich die moralische oder spirituelle Elite des Buddhismus gewesen, wird durch unsere tatsächliche historische Kenntnis nicht bestätigt, was ja beispielsweise auch Aphorismen wie die beiden vorigen belegen. Hier geht es nicht darum, wahre Mönche herabzuwürdigen, sondern die Abwegigkeit einer in unseren Tagen auch bei manchen westlichen Buddhisten zu verzeichnenden Tendenz deutlich zu machen: der Tendenz, aufgrund von Verfehlungen einiger dieser Personen und Gruppen, die für sich in Anspruch nehmen, eine erlesene, die Unterweisungen wahrende Gemeinschaft zu sein, den eigentlichen, in den Schriften überlieferten Unterweisungen weniger Respekt entgegenzubringen oder mit diesen sogar zu brechen. Die Ironie und der Trugschluß dabei ist, daß solche Gruppen heute im Westen gerade jene Elemente pflegen, die die persönliche Integrität untergraben – autoritäre und von Konkurrenzdenken bestimmte Strukturen etwa. Indessen wiegen sie sich in dem Glauben, sich dadurch von »mittelalterlichen Elementen« freigemacht zu haben, daß sie die klassischen Unterweisungen ablehnen. Das genaue Gegenteil ist der Fall: Man müßte solche angeblich buddhistischen Lehrer und Gemeinschaften im Licht des Dharma prüfen, der Lehre, die *an sich* als der immerwährende Dharmakāya, der Körper des Buddha, angesehen wird. Dann gäbe es unter Menschen, die geneigt sind, den Buddhismus im Westen generell als einen nachgeahmten, quasi-östlichen Verehrungskult zu betrachten, und jenen, die ihn so zu betreiben versuchen, viel weniger Konfusion hinsichtlich der Autorität und Authentizität von Personen oder Praktiken.

Hier klarzusehen wird allerdings oft durch die Verwendung von fehlerhaft übersetztem und mißverstandenem Textmaterial seitens nicht authentischer Lehrer erschwert, wodurch andernfalls offensichtliche Widersprüche verschleiert werden. Gautama Buddha selbst hat den Menschen geraten, das, was ihnen als Wahrheit präsentiert wird, voller Sorgfalt und Umsicht zu prüfen.

4. Ein achtloser Mann, der sich um die Gunst der Frau eines anderen bemüht, gerät in vier Zustände: Schande, unruhiger Schlaf, Schuld und Hölle.
5. Schande, eine schlechte Lebensführung, die geringe Freude zweier sich ängstigender Menschen aneinander und die vom Herrscher angeordnete schwere Bestrafung: aus diesen Gründen sollte sich ein Mann nicht um die Gunst der Frau eines anderen bemühen.
6. Wer einen Grashalm falsch anpackt, dem schneidet er in die Hand; ebenso zieht einen das Festhalten an falsch verstandener Askese in die Hölle.

Weit entfernt davon, die Ich-Fixierung zu verringern, steigert die Askese des auf sich selbst fixierten Menschen Egozentrik und Selbstgefälligkeit. Im *Yijing* heißt es: »Sich an Regeln zu halten bringt Gelingen, doch sollte man sich nicht an quälende Regeln halten.«

7. Eine achtlos ausgeführte Handlung, ein durch weltliche Leidenschaft verfälschtes religiöses Zeremoniell, zögerlich praktizierte Keuschheit – sie bringen keine großen Resultate.
8. Wenn etwas zu tun ist, tut es voller Energie. Wer unbedacht Entsagung übt, wirbelt nur um so mehr Staub auf.

»Wer unbedacht Entsagung übt, wirbelt nur um so mehr Staub auf« – und zwar in dem Sinn, daß jemand, der den Anforderungen der Welt zu entfliehen versucht, durch solche eskapistischen Tendenzen mehr Probleme herbeiführt als löst.

9. Gar nichts zu tun ist besser als eine Missetat; eine Missetat bewirkt später Reue. Besser, als einfach irgend etwas zu tun, ist es, etwas Gutes zu tun, eine Handlung, die man nicht bereuen wird.
10. Wie eine an der Grenze gelegene Stadt innerhalb und außerhalb bewacht wird, so solltet ihr über euch selbst wachen. Laßt keinen einzigen Augenblick achtlos vorübergehen; denn wer zuläßt, daß die Zeit an ihm vorübergeht, wird sich grämen, wenn er der Hölle überantwortet worden ist.
11. Sie schämen sich dessen, was nicht beschämend ist, und dessen, was beschämend ist, schämen sie sich nicht; Menschen, die sich falsche Sichtweisen zu eigen machen, gehen einem üblen Dasein entgegen.

Mencius (Mongzi) hat gesagt, das Schamgefühl solle nur an einen Punkt führen, von dem ab wir ohne Scham auskommen.

12. Da sie Gefahr in dem sehen, was nicht gefährlich ist, und in dem, was gefährlich ist, keine Gefahr sehen, gehen Menschen, die sich falsche Sichtweisen zu eigen machen, einem üblen Dasein entgegen.

Indirekt fordern diese Epigramme nachdenkliche Menschen auf, ihre Vorstellungen davon zu überprüfen, was beschämend und/oder gefährlich ist, was vermieden werden muß und was nicht vermieden zu werden braucht. Dies ist keine unverbindliche Formulierung dogmatischer Positionen oder frommer Wünsche, sondern ein Aufruf, uns fortwährend in Wachsamkeit zu üben und die faktisch bei uns vorhandenen Muster zu überprüfen.

13. Wer meint, sich von dem fernhalten zu müssen, was nicht gemieden zu werden braucht, aber keine Notwen-

digkeit sieht zu meiden, wovon man sich fernhalten sollte, solche Menschen, die sich falsche Sichtweisen zu eigen machen, gehen einem üblen Dasein entgegen.

14. Wer das zu meiden weiß, wovon man sich fernhalten muß, und versteht, daß er das, wovon man sich nicht fernzuhalten braucht, nicht meiden muß, solche Menschen, die richtige Sichtweisen annehmen, gehen einem guten Dasein entgegen.

Der Elefant

Im Mittelpunkt dieses Kapitels stehen verschiedene Bilder, in denen das Selbst mit einem Elefanten verglichen wird. Wer Selbstkontrolle erreicht hat, der wird mit einem gezähmten Elefanten verglichen, das unbändige Selbst hingegen mit einem brünftigen Elefanten. Dieses Kapitel schildert die Gemütsverfassung dessen, der auf dem Pfad voranschreitet, und es hebt bestimmte Kriterien für die Auswahl von Gefährten und Begleitern auf dem Weg hervor.

1. Ich will Schimpfworte aushalten, wie der Elefant in einer Schlacht den vom Bogen abgeschossenen Pfeil aushält; denn viele Menschen haben ein schlechtes Benehmen.
2. Einen gezähmten Elefanten führt man in die Schlacht, einen gezähmten Elefanten reitet ein König; der Gezähmte ist der beste unter den Menschen, denn er ist einer, der Schimpfworte aushält.
3. Hervorragend sind Maultiere, wenn sie gezähmt sind, Pferde von gutem Geblüt und der mächtige Elefantenbulle; noch besser ist jemand, der sich selbst bezähmt hat.
4. Denn mit Hilfe dieser Reittiere gelangt man nicht an jenen unzugänglichen Ort, den der Bezähmte, der Selbstbeherrschte erreicht, da er sich bezähmt hat.
5. Der Elefant, den man als »Hüter des Schatzes« bezeichnet, ist während der Brunft kaum unter Kontrolle zu

bringen. Wenn er festgebunden ist, nimmt er keinerlei Nahrung zu sich; der Elefant sehnt sich nach dem Elefantenhain.

6. Der Narr, der zum Faulpelz und zum Vielfraß wird, sich im Schlaf hin- und herwälzt wie ein fettes, gemästetes Schwein, muß wieder und wieder in den Mutterschoß eintreten.

»Wieder und wieder in den Mutterschoß eintreten« bedeutet, durch das Beharrungsvermögen von Gewohnheiten, deren wir uns nicht bewußt sind, immer wieder in ein Abhängigkeitsschema hineinzugeraten.

7. Dieser Geist pflegte umherzuwandern, wo er es wünschte, wo er wollte, wo es ihm beliebte; mit Bedacht will ich ihn nun unter Kontrolle bringen, wie derjenige, der den Haken hält, einen brünftigen Elefanten kontrolliert.
8. Findet Gefallen an Wachsamkeit, hütet euren eigenen Geist; entzieht euch dem Weg, der ins Verderben führt, so wie ihr einen Elefanten, der im Morast versunken ist, herausziehen würdet.
9. Wenn ihr einen besonnenen Begleiter findet, einen weisen Gefährten, der ein gutes Leben führt und alle Nöte überwunden hat, schreitet – bestärkt und bewußt – mit jenem weiter voran.
10. Wenn ihr keinen besonnenen Begleiter findet, keinen weisen Gefährten, der ein gutes Leben führt, dann geht allein voran wie ein König, der auf ein erobertes Gebiet verzichtet, wie ein Elefant, der im Wald umherstreift.
11. Besser, man geht allein; mit einem Narren gibt es keine Gemeinschaft; geht allein voran wie ein Elefant im Wald, mit wenigen Begierden, und begeht keine Missetat.

Hier, in den Aphorismen 9 bis 11, gibt es weitere Richtlinien für Menschen, die spirituelle Lehrer oder Begleiter suchen.

12. Sich in Begleitung zu befinden ist erfreulich, wenn eine Notlage eintritt; Zufriedenheit ist erfreulich, wenn sie wechselseitig ist; innere Vorzüge sind am Ende des Lebens erfreulich; erfreulich ist der Verzicht auf alles Leiden.
13. Erfreulich ist die Mütterlichkeit auf der Welt, und die Väterlichkeit ist erfreulich. Erfreulich ist die Religiosität auf der Welt, und die priesterliche Wesensart ist erfreulich.
14. Erfreulich ist eine moralische Verantwortlichkeit, die bis ins hohe Alter anhält; erfreulich ist wohlbegründetes Vertrauen. Erfreulich ist das Erlangen von Einsicht; erfreulich ist das Vermeiden von Üblem.

Bei den Aphorismen 12 bis 14 geht es nicht um Definitionen eines Dogmas der Ablehnung oder Negation, sondern um eine Praxis, die darin besteht, den relativen Wert der Dinge an ihrem jeweiligen Platz, betrachtet im Gesamtzusammenhang von Leben und Tod, zu bestimmen.

Verlangen

Dieses Kapitel faßt die trügerischen und destruktiven Auswirkungen des Verlangens, des Vernarrtseins und des Nachgrübelns über die Gegebenheiten zusammen, indem es deren unerwünschten Konsequenzen die mit Einsicht, Leidenschaftslosigkeit und innerer Vollkommenheit verbundene Freiheit gegenüberstellt.

1. Das Verlangen eines Mannes, der achtlos handelt, wächst wie eine um sich greifende Schlingpflanze. Er hüpft hierhin und dorthin, wie ein Affe, der im Wald nach Früchten sucht.
2. Wer immer auf der Welt in die Umklammerung dieses gewöhnlichen Verlangens gerät, hat Sorgen, die sprießen wie Gras, auf das der Regen niederrieselt.
3. Wer immer auf der Welt sich aus der Umklammerung durch dieses gewöhnliche Verlangen befreit, das so schwer zu überwinden ist, der erlebt, daß die Sorgen von ihm abperlen wie Wassertropfen von einem Lotosblatt.
4. Ich will euch allen, die ihr hier versammelt seid, etwas Nützliches mitteilen: Entwurzelt das Verlangen vollständig – wie man auf der Suche nach einer wohlriechenden Wurzel das Gras über ihr umgräbt –, auf daß der Mörder* euch nicht wieder und wieder niederstreckt, so wie ein reißender Wildbach Schilfrohr niederstreckt.

* Zum Verständnis von »Mörder« siehe Kommentar S. 88.

5. Ganz wie ein Baum wieder wachsen wird, auch wenn man ihn zurückgeschnitten hat, solange seine Wurzel nicht zerstört und stark ist, so wird dieses Leiden wieder und wieder emporwachsen, solange die Neigung zur Begehrlichkeit nicht mitsamt ihren Wurzeln beseitigt worden ist.
6. Die Strömung trägt denjenigen fort, der – die Gedanken auf leidenschaftliches Verlangen fixiert – nicht richtig sieht und dessen sechsunddreißig Ströme sich zu dem hin ergießen, was erfreut.

   Die »sechsunddreißig Ströme« beziehen sich auf das Gesamtpotential der Sinneserfahrung. Gemäß der buddhistischen Psychologie gibt es sechs Sinne, die durch ihre vielfältigen Wechselwirkungen das Gespinst der Erfahrung weben. Daher lassen die in unterschiedlicher Komplexität zusammengesetzten Sinneswahrnehmungen, mit denen wir diese Welt insgesamt erfahren, sich auf ein sechsmal sechsfaches oder sechsunddreißigfaches Grundmuster zurückführen. Die »Ströme« sind Abfolgen, scheinbare Kontinua, von Momenten der Sinneserfahrung. Es trifft, wie zuvor schon erläutert, nicht zu, daß die Sinne an sich »schlecht« sind; doch wenn wir der Sinneserfahrung in *zwanghafter Weise* nachgeben, machen wir uns anfällig für von außen kommende Einflüsse, auch für von außen kommenden Zwang. Darum ist das Befreiung bringende Nirvāna nicht ein Zerstören oder Auslöschen von Empfindung und Wahrnehmung, sondern Freiheit des Geistes und des Denkens inmitten von Empfindung und Wahrnehmung.

7. Die Ströme fluten überallhin; die Schlingpflanze setzt sich fest, sobald sie hervorgesprossen ist. Wenn ihr also diese Schlingpflanze hervorkommen seht, schneidet ihr durch tiefe Einsicht die Wurzel ab.

Die »Schlingpflanze« besteht in fast unmerklicher, in Unwissenheit und Verlangen wurzelnder Suggestion, die sich zu Unfreiheit, Aggression und Torheit entwickelt. Sie in dem Moment abzuschneiden, da sie hervorkommt, das meint das *Daodejing* mit dem Satz: »Widme dich dem Schwierigen, solange es noch leicht ist.« Hier erfüllt die Achtsamkeit, die der Buddha uns so nachdrücklich ans Herz legt, ihren Zweck.

8. Überströmende Gefühlsregungen und Freuden stellen sich bei den Menschen ein; da sie am Wohlbehagen hängen, Vergnügen suchen, müssen solche Menschen Geburt und Alter durchlaufen.
9. Von Verlangen getriebene Menschen schleppen sich dahin wie ein in die Schlinge gegangenes Kaninchen; durch vielfältige Anhaftungen gefesselt, erleben sie für lange Zeit immer wieder Leiden.
10. Von Verlangen getriebene Menschen schleppen sich dahin wie ein in die Schlinge gegangenes Kaninchen; darum laßt den Bettelmönch das Verlangen ablegen, indem er einen leidenschaftslosen Zustand für sich selbst sucht.
11. Wer immer von Verlangen befreit war, jedoch – obgleich einst frei von Begierde – wieder begehrlichen Neigungen nachgibt, verfällt erneut der Begierde. Seht nur, so jemand war schon befreit und hat sich erneut in Gefangenschaft begeben.

Offenkundig hat es stets Menschen gegeben, die in das klösterliche Leben eintraten, um Karriere zu machen. Bei dem klassischen Zen-Meister Linji heißt es von diesen Leuten, sie hätten das eine Zuhause verlassen, um sich gleich ins nächste zu begeben, ohne jedoch weltliches Anhaften wirklich zu transzendieren.

12. Nicht aus Eisen, Holz oder Jute besteht eine starke Fessel, sagen die Weisen, sondern in der Betörung durch Perlohrringe und in der Begierde nach Söhnen und Frauen.

Wohlstand und Stellung, hier durch Schmuckstücke und die Familie versinnbildlicht, sind an sich nicht »schlecht«. Habgier und Besitzdenken jedoch, die wir darauf projizieren, verhindern selbst auf der materiellen und sozialen Ebene Erfüllung – gar nicht zu reden von ihrer verderblichen Wirkung auf jede vielleicht noch verbliebene Energie, die für höhere Zwecke eingesetzt werden könnte.
Daß nicht Eisen, Holz und Seile von den Weisen als starke Fesseln bezeichnet werden, betont noch einmal, daß nicht die Dinge uns binden, sondern wir uns selbst binden. Dies gilt für die Gesellschaft ebenso wie für Individuen.

13. Die Weisen sagen, die Fessel ist stark, die einen niederzieht; sie ist locker, doch schwer zu beseitigen. Indem er sie durchschneidet, an der Begierde kein Vergnügen mehr findet, gibt der von Vorlieben Freie das Weltliche auf.

»Locker, doch schwer zu beseitigen«: Das Lockere daran ist das bißchen Bewegungsspielraum, Wohlbehagen, Freude, das man findet, wenn man sich mit Vergnügungen die Zeit vertreibt; schwer zu beseitigen ist das Netz der Konsequenzen, die sich daraus ergeben, daß man dem frönt, wozu man gerade Lust hat oder was einem so in den Sinn kommt.

14. Wer durch Leidenschaft betört ist, gerät in ihren Sog, so wie eine Spinne sich in dem von ihr selbst gesponnenen Netz verfängt. Die Weisen durchtrennen dies, gehen unbeeinflußt daraus hervor und lassen alles Leiden hinter sich zurück.

Spinnen haben in ihren Netzen Wege zur eigenen Fortbewegung, die nicht klebrig sind und es ihnen ermöglichen, umherzugehen und sich ihrer Tätigkeit zu widmen, ohne hängenzubleiben. Mitunter geschieht es, daß sie von diesen Wegen abkommen oder herabfallen und in ihren eigenen Netzen gefangen sind. Die vom Buddha gerühmten Handlungen und Eigenschaften sind wie diese Wege, während diejenigen, vor denen Buddha warnt, wie die klebrigen Teile des Netzes sind, die als Falle dienen. Das Netz ist das Denken, die klebrige Substanz ist die Emotion.

15. Seid frei von der Vergangenheit, seid frei von der Zukunft, seid frei von der Zeit dazwischen; transzendiert dies. Wenn euer Geist vollständig befreit ist, müßt ihr nicht länger Geburt und Alter durchlaufen.

Im *Vajrachchedikā-Prajñāpāramitā-Sūtra*, einem der Bücher über die Weisheit, die über alle weltliche Bedingtheit hinausgelangt ist, heißt es: »Den vergangenen Geist bekommt man nicht zu fassen, den gegenwärtigen Geist bekommt man nicht zu fassen, den zukünftigen Geist bekommt man nicht zu fassen.« Dies war im Zen-Buddhismus eine besonders geschätzte Kontemplation.

16. Das Verlangen nimmt bei dem noch zu, der sich, von Leidenschaft getrieben, dem Grübeln hingibt und das sogar gut findet; solch einer sorgt dafür, daß seine Fesseln noch stärker werden.
17. Wer Gefallen daran findet, die Grübelei zum Verstummen gebracht zu haben, indem er immerzu die Einsicht entwickelt, daß sie unrein ist, wird die Fesseln des Mörders beseitigen, sie wahrhaft durchtrennen.

»Die Grübelei zum Verstummen gebracht zu haben« bedeutet, daß man die Mühle sinnlos kreisender Gedanken zum

Stillstand gebracht, dem ständigen Wiederkäuen von Vorstellungen, das zu nichts führt, ein Ende bereitet hat. Es bedeutet nicht, alles Denken zu unterbinden, nur fehlgeleitetes Nachdenken. Der zweite Punkt auf dem von Buddha gelehrten Achtfachen Pfad ist genaues Denken. Indem man die Grübelei verstummen läßt, erreicht man die Vervollkommnung von genauem Denken: bloß die klare Reflexion bleibt dann übrig.

18. Wer Vollendung erlangt hat, ist frei von Furcht, Leidenschaft und Anhaften, hat die Schranken des Daseins durchbrochen und befindet sich im letzten Körper.

»Im letzten Körper« bedeutet Freisein von dem Zwang, weiterhin »jemand sein« zu müssen. Indem man »niemand« geworden ist und vollkommenen inneren Frieden erlangt hat, erreicht man das Ende des Kleineren Weges und steht vor dem Zugang zum Größeren Weg, wo die Frage nach Sein oder Nichtsein eine Angelegenheit des freien und unabhängigen Willens ist, und nicht – aufgrund des Verlangens, jemand zu sein – eine zwanghafte Angelegenheit.

19. Leidenschafts- und anspruchslos, gewandt in Sprache und Ausdruck, des rechten Gebrauchs der Buchstaben und ihrer Aufeinanderfolge kundig, wird jemand im letzten Körper mit großer Einsicht eine große Person genannt.

Weit davon entfernt, »leidenschafts- und anspruchslos, gewandt in Sprache und Ausdruck« zu sein, verwenden einige Prediger eines Pseudo-Zen, die sich als buddhistische »Meister« in Pose setzen, falsch übersetzte Meditations-Texte innerhalb eines autoritär angelegten, auf »gedankenlose« Meditation ausgerichteten Rahmens (wobei sie, so paradox dies sein mag, das Erreichen dieser Gedankenlosigkeit als das Ziel von unnatürlichen Körperhaltungen und unverständlichen Geschichten ausgeben). Dazu gehört dann auch, daß man persönlich vor eine Guru-Figur tritt – die angeblich alle verborgenen »Antworten« auf die Geheimnisse, die »Arkana«, der Sekte weiß – und von ihr bestätigt oder getadelt wird. Die Resultate scheinen, unglücklicherweise, nicht das zu sein, was das *Dhammapada* hier empfiehlt, sondern eher ein emotional aufgeladenes Vorbringen von Vermutungen. Sich selbst perpetuierende Verzerrungen von Verständnis und Auslegung werden dabei durch die intensive meditative Anstrengung noch übersteigert.

20. Ich habe alles überwunden, ich kenne alles, ich bin von allen Dingen unbeeinflußt. Indem ich alles hinter mir lasse, mit dem Verlangen abgeschlossen habe, bin ich befreit. Allein habe ich verstanden – auf wen sollte ich es da zurückführen?

Eine andere von Nutznießern eines Pseudo-Zen an den Tag gelegte Unsitte war die Praxis, über die Verbindung zu anderen Zen-Leuten für sich Autorität herzuleiten. Die Gefahr dabei – von den offenkundigen inflationären Problemen einmal ganz abgesehen – war das Überhandnehmen von unsinnigen Behauptungen und Handlungen jeglicher Art unter dem Banner der vorgeblichen Autorität der »Linie« oder der institutionellen Autorität durch Dazugehörigkeit zu einer »Schule«. Naive Mitglieder der Zen-Gemeinschaft, die sich vergebens um eine rationale Einordnung dieser Dinge bemühten, sahen sich letzten Endes zu der Schlußfolgerung genötigt, daß Zen ein komplettes Rätsel sei. »Quod erat demonstrandum«*, sprach der verrückte Mönch mit einem Augenzwinkern und einem Klimpergeräusch in seinen Jeans.

* »Was sich beweisen ließ.«

21. Die Wahrheit zu geben übertrifft alles Geben; der Geschmack der Wahrheit übertrifft alle Geschmäcker; das Vergnügen an der Wahrheit übertrifft alle Vergnügungen; das Zunichtemachen des Verlangens überwindet alles Leiden.
22. Besitz richtet die Unverständigen zugrunde, nicht diejenigen, deren Bestreben über das jetzige Dasein hinausgeht. Durch Verlangen nach Besitz richten die Unverständigen andere ebenso zugrunde wie sich selbst.

»Nicht diejenigen, deren Bestreben über das jetzige Dasein hinausgeht« – dies ist ein möglicher Zugang zum Größeren Weg. Der Zen-Meister Dōgen schrieb: »Etwas Gutes auf Geheiß von anderen zu tun, dem Buddha Ehre erweisen, während man von Dämonen heimgesucht wird, das ist auch Erweckung des Geistes zur Erleuchtung.«

»Die Unverständigen richten andere ebenso zugrunde wie sich selbst«: Habgier und Skrupellosigkeit fügen dem Gesamtorganismus der Gesellschaft Schaden zu, nicht bloß dem individuellen Bewußtsein.

Die grundlegende Botschaft ist hier wiederum, daß die Qualität des Verhaltens der Menschheit zu sich und ihrer Umwelt der entscheidende Punkt ist, den wir unter Kontrolle bekommen müssen, falls wir denn frei sein wollen, in einer Art und Weise zu leben und zu handeln, die wahrhaft positiv und schöpferisch und nicht nur von Zwängen und Sehnsüchten bestimmt ist.

23. Unkraut ist die Plage der Äcker, Leidenschaft ist die Plage der Menschheit; daher bringt eine Gabe an die Leidenschaftslosen großen Nutzen.
24. Unkraut ist die Plage der Äcker, Haß ist die Plage der Menschheit; daher bringt eine Gabe an diejenigen, die von Haß frei sind, großen Nutzen.

25. Unkraut ist die Plage der Äcker, Torheit ist die Plage der Menschheit; daher bringt eine Gabe an diejenigen, die von Torheit frei sind, großen Nutzen.
26. Unkraut ist die Plage der Äcker, Begierde ist die Plage der Menschheit; daher bringt eine Gabe an diejenigen, die von Begierde frei sind, großen Nutzen.

Wie schon zuvor angemerkt, legen uns Aphorismen wie 23 bis 26 nicht nahe, daß wir ganzen Armeen von impertinenten, in elegante Roben gekleideten Bettlern Unterstützung gewähren sollen. Vielmehr geht es um die Unterstützung der edleren Qualitäten in der Gesellschaft und bei den einzelnen. Der Hinweis, daß Aussagen dieser Art nicht gerade für das Mönchstum als soziale Struktur werben, ist keineswegs als Schmähung gegen die klösterliche Lebensform gemeint. Um hier zum Kern der spirituellen Bedeutung vorzudringen, gibt es einen entscheidenden Punkt: Die gesamte Übung des Gebens sollte in der Wahrnehmung des Gebenden ebenso wie der des Empfangenden völlig frei sein von einem emotional aufgeladenen Aberglauben. Menschen nach ihrer äußeren Erscheinung und nach dem, was sie uns versichern, zu beurteilen, das ist keine Herausforderung für unser Wahrnehmungsvermögen. Und ebensowenig ist es eine Herausforderung, Menschen zu täuschen und zu betrügen, indem man einfach so auftritt und sich äußert, daß es jeweils deren vorgeprägter Vorstellung von »gut« entspricht. Wenn die auf dem Kleineren Weg entfalteten Eigenschaften sich bis zu dem Punkt entwickeln, daß sie für andere innerlich spürbar werden, in welcher Form auch immer sie zum Ausdruck kommen mögen, dann ist der Kleinere Weg auf subtile Weise mit dem Größeren Weg verschmolzen – auf die harmonischste Art, die überhaupt möglich ist.

Der Bettelmönch

Dies ist eines der Kapitel, in denen der Buddha – wie seine chinesischen Zeitgenossen Laozi und Konfuzius – einen grundlegenden Begriff seiner Kultur neu definiert. Religiös motivierte Wanderer und Bettler waren zu Buddhas Zeit so verbreitet, daß sie buchstäblich eine eigene Kaste oder einen eigenen Berufsstand hervorgebracht hatten. Da er sah, daß mehr oberflächliches Getue vorherrschte als wirkliche Substanz, definierte Buddha das Ideal des Bettelmönchs in bezug auf die innere Haltung, nicht anhand äußerlicher Kriterien.

In der Gesellschaft zu Gautama Buddhas Lebzeiten war der Bettelmönch schon uraltes Establishment – gerade zu jener Zeit allerdings ein nicht wirklich etabliertes Establishment, könnte man sagen. Denn dazu fehlten übergreifende Prinzipien und Praktiken; sieht man einmal von dem Bedürfnis ab, bei der eigenen Suche nicht jene Wahrnehmungs- und Erkenntnisschranken gelten zu lassen, die für die gewöhnliche Gesellschaft notwendig waren.

Der Bettelmönch früherer Zeiten sollte ein Mann, eine Frau oder ein Paar in fortgeschrittenem Alter sein, die ihr gewöhnliches Familienleben hinter sich gebracht hatten und sich in den Wald begaben, weil sie sich vor ihrem Dahinscheiden auf die Suche nach der transzendenten Wahrheit machen wollten. Und so lange hielten sie sich mit Hilfe von Baumfrüchten am Leben. Manche waren auch Priester, die eine Zeitlang Askese übten oder auf visionäre Erfahrungen angelegte Praktiken durchführten.

Zu Buddhas Zeit jedoch hatte der sich ausbreitende arische Militarismus viele Menschen aus den oberen, mittleren und unteren Klassen zu einem Dasein als Bettelmönch genötigt, bevor sie innerlich wirklich zu solch einem Leben bereit waren. Das hatte zur Konsequenz, daß das Bettelmönchsdasein einen veränderten Stellenwert erhielt, zu einer weiteren Art von weltlicher Berufslaufbahn wurde. Deshalb definierte Gautama Buddha den Bettelmönch lieber mit Rücksicht auf Charakter und spirituelle Qualitäten als auf rituelle Gepflogenheit und sozialen Status.

1. Zurückhaltung ist gut in bezug auf das Auge, gut ist es, sich mit dem Ohr zurückzuhalten; Zurückhaltung mit der Nase ist gut, gut ist Zurückhaltung mit der Zunge.
2. Zurückhaltung ist gut in bezug auf den Körper, gut ist Zurückhaltung im Sprechen; Zurückhaltung im Denken ist gut, gut ist Zurückhaltung in allem.
3. Jemand, der seine Hände unter Kontrolle hat, seine Füße unter Kontrolle hat, der unter Kontrolle hat, was er sagt, der zuhöchst kontrolliert ist, jemand, der innerlich froh und gesammelt ist, der allein zurechtkommt, ist jemand, den man als Bettelmönch bezeichnet.
4. Eine Wohltat ist das, was der Bettelmönch sagt, welcher seinen Mund unter Kontrolle hat, mit Bedacht spricht, nicht stolz ist und erläutert, was bedeutsam und wahr ist.
5. Ein Bettelmönch, dem Wahrheit Freude bereitet, der an Wahrheit Gefallen findet, sich auf die Wahrheit besinnt und zur Wahrheit bekennt, wird von der Wahrheit nicht abweichen.

Die in diesem Abschnitt geäußerte Kritik unterstreicht, daß Selbstbeherrschung ein Mittel ist, um die Wahrheit erkennen und der Wahrheit gemäß leben zu können. Zugleich ist es für Selbstbeherrschung in der wahren Bedeutung dieses Wortes unverzichtbar, das Streben nach Wahrheit in den Mittelpunkt zu rücken.

6. Man sollte nicht geringschätzen, was man selbst erreicht hat, noch andere beneiden. Ein Bettelmönch, der andere beneidet, erzielt keine Konzentration.
7. Sogar die Götter lobpreisen einen Bettelmönch, der nicht geringschätzt, was er selbst erreicht hat, selbst wenn es nur eine Kleinigkeit ist, und dessen Leben makellos und von Trägheit frei ist.
8. Wer von Besitzgier allen Namen und Formen gegenüber frei ist, der grämt sich nicht, weil er ein Habenichts ist; ihn bezeichnet man als Bettelmönch.

Mit »Besitzgier Namen und Formen gegenüber« ist die Gier nach Status, einem angesehenen Titel, einem guten Ruf, Macht über andere und dergleichen gemeint.

9. Der Bettelmönch, der ein Leben in Güte führt, mit klarsichtigem Vertrauen in die Unterweisung des Erleuchteten, wird in den Zustand des Friedens eingehen, in die Glückseligkeit, wo die Bedingtheit ein Ende gefunden hat.

Wo spirituelle Gemeinschaften konkurrenzbezogenem Verhalten und persönlichem Ehrgeiz Vorschub leisten, ist das ein Anzeichen für Fehlentwicklungen. Auch auf dem Kleineren Weg kann es besser sein, im gesamtgesellschaftlichen Rahmen zu arbeiten, als in einem von der Welt abgekapselten Umfeld, in dem man weltliche Empfindungen fälschlich für Spiritualität hält, sich in Wirklichkeit aber zwischen den Mitgliedern einer Gemeinschaft Spannungen und Streitigkeiten verstärken – mögen sie auch unter dem Druck, der sich innerhalb des abgekapselten Lebenskreises aufbaut, verdrängt werden. Neben dem Effekt des persönlichen »Ausgebranntseins«, den dies häufig hervorruft, kann solch eine Erfahrung, falls sie länger andauert, auch zu der falschen Schlußfolgerung führen, der Buddhismus sei generell übertrieben idealistisch oder nur unvollkommen wirksam. Solche Entwicklungen basieren oft auf der Vorstellung, starke Hingabe sei gleichbedeutend mit angemessenem Eifer oder zumindest ein gleichwertiger Ersatz dafür.

10. Mache dieses Boot leer, o Bettelmönch; wenn es leer ist, wird es sich leicht fortbewegen. Hast du dich erst von Leidenschaft und Haß getrennt, dann hast du Zugang zu Nirvāna.

Daoisten des Altertums gebrauchten ebenfalls die Metapher, »wie ein leeres Boot« zu sein, selbst unbelastet und nicht belastend für andere.

11. Fünf schneidet ab, fünf gebt auf, über fünf erhebt euch; von einem Bettelmönch, der die fünf Fesseln abgeworfen hat, heißt es, er habe den reißenden Strom überquert.

»Fünf schneidet ab« bezieht sich auf das, was als die fünf niederen Fesseln bekannt ist, die es im Begierdebereich gibt: Gier; Aggression; Glaube an eine reale Existenz des Körpers; rituelle Formen zum Kult erheben; und Wankelmut.
»Fünf gebt auf« bezieht sich auf das, was als die fünf höheren Fesseln bekannt ist, die es im Bereich der Form und im formlosen Bereich gibt: Gier im Bereich der Form; Gier in bezug auf das Formlose; Ereiferung; Selbstgefälligkeit; und Ignoranz in bezug auf das Formlose.
Viele »übersinnliche« Phänomene, die man gemeinhin für spirituell hält, werden innerhalb dieses Verständnisrahmens noch dem Reich der Unfreiheit zugerechnet.
Die »fünf Fesseln« beziehen sich hier auf Leidenschaft, Haß,

Torheit, Selbstgefälligkeit und starrsinniges Beharren auf der eigenen Meinung.

»Über fünf erhebt euch« bezieht sich auf die fünf grundlegenden Sinnesorgane.

12. Meditiere, o Bettelmönch, und sei nicht nachlässig; laß nicht zu, daß dein Geist an Begierde gebunden ist. Verschlucke nicht aus Nachlässigkeit eine eiserne Pille; schrei nicht, es tut weh, selbst wenn du verbrennst.
13. Es gibt keine Meditation für jemanden, dem es an Einsicht mangelt, keine Einsicht bei jemandem, der nicht meditiert. Jemand, in dem beides vorhanden ist, Meditation und Einsicht, der ist Nirvāna wahrhaft nahe.

Meditation ohne Einsicht ist nicht nur wertlos, sondern kann sogar gefährlich sein. Es zeugt von Unverstand, wenn man Konzentration oder Konzentrationsübungen (wie das Zählen der Atemzüge) mit Meditation verwechselt. Konzentrations- oder Beruhigungsübungen ohne Einsicht führen nicht zu Befreiung oder Erleuchtung, sondern vergrößern möglicherweise statt dessen Charakterfehler wie Gier und Aggressivität und verringern die erforderliche Selbstkritik. Bei dem frühen klassischen Zen-Meister Baizhang heißt es: »Was die Kraft der Konzentration einbehält – in einem anderen Zusammenhang entweicht es und lebt neu auf, vollkommen unvermutet.« Nahezu tausend Jahre später gab der außergewöhnliche japanische Zen-Meister Bankei mit folgenden Worten eine Definition von *Zazen* (»Sitzmeditation«): »Harmonisierung mit der unaussprechlichen Weisheit, die jedem innewohnt, bevor er sich in Denken und Konzeptualisierung verwickelt, wird ›Meditation‹ genannt. Losgelöstheit von allen äußeren Objekten ist ›Sitzen‹. Bloßes Dasitzen mit geschlossenen Augen ist nicht, was ich als Zazen bezeichne. Nur Zazen, das auf subtile Erkenntnis eingestimmt ist, kann für wertvoll erachtet werden.«

14. Hat ein Bettelmönch mit ruhigem Geist ein leeres Haus betreten, kommt es dort aufgrund wirklichkeitsgetreuer Einsicht in die Wahrheit zu überirdischem Glück.

Hier bedeutet »ein leeres Haus« diese Welt, einschließlich des eigenen Körpers, bar aller Täuschung.

15. Wann immer man das Auftauchen und Verschwinden der Anhäufungen begreift, erlangt man einen von Freude erfüllten Glückszustand – die Unsterblichkeit derer, die Einsicht gewonnen haben.

»Anhäufungen« bezieht sich auf die buddhistische Vorstellung, daß jedes Individuum durch das Zusammenwirken von fünf Anhäufungen entsteht – Form, Empfindung, Wahrnehmung, Willensregung und Bewußtsein. Diese Anhäufungen eher als Ströme von essentiellen energetischen Faktoren denn als fest umrissene Objekte zu betrachten ist eine klassische Methode, um Zugang zum Absoluten zu bekommen.

16. Hierin liegt aller Anfang in dieser Welt für den einsichtsvollen Bettelmönch: Die Sinne hüten, Zufriedenheit, der Befreiung dienliche Disziplin, Zusammensein mit vortrefflichen Menschen, makelloses Leben und eifrige Freunde.

In diesem Ratschlag zum eigenen Verhalten und zum Umgang mit anderen ist überhaupt nicht die Rede von Mysteriösem, Okkultem oder der Notwendigkeit, sich einer Autorität zu unterwerfen.

17. Laßt jemanden nur freundlich sein und gute Manieren an den Tag legen; dann wird derjenige viel Glück haben und dem Leiden ein Ende bereiten.

Erneut kommt, nachdem auf scheinbar destruktive Weise erst einmal Illusionen zertrümmert und Idole entthront wurden, die konstruktive Zielrichtung des Buddhismus zum Vorschein.

18. Wie der Jasmin seine verwelkten Blüten abwirft, o Bettelmönche, solltet ihr Leidenschaft und Haß abwerfen.
19. Von einem Bettelmönch, dessen Körper ruhig ist, dessen Rede ruhig ist, dessen Geist ruhig ist, der vollauf gesammelt ist und die Lockspeise der Welt ausgespien hat, sagt man, er sei zur Ruhe gekommen.
20. Motiviert euch selbst, prüft euch selbst! In dieser Weise unter Selbstkontrolle und voll bewußt, werdet ihr glücklich leben.
21. Denn das Selbst ist der Meister des Selbst; das Selbst ist die Zuflucht des Selbst. Darum haltet euch so unter Kontrolle, wie ein Kaufmann es bei einem guten Pferd tut.

Gautama Buddha hat die Menschen nicht in Abhängigkeitsverhältnissen an sich gebunden.

22. Der Bettelmönch, reichlich mit Glück gesegnet und mit klarsichtigem Vertrauen in die Unterweisung des Erleuchteten, wird in den Zustand des Friedens eingehen, in die Glückseligkeit, in der die Bedingtheit ein Ende findet.
23. Der Bettelmönch, der die Unterweisung des Erleuchteten anwendet, mag er auch jung an Jahren sein, erhellt diese Welt wie der unverhüllte Mond.

Der Priesterliche

An das Kapitel über den Bettelmönch schließt sich dieses Kapitel mit einer Neubestimmung des Brahmanen an, des Priesters der uralten Wissensüberlieferung. Die brahmanische Priesterschaft war die vornehmste Kaste in der indischen Gesellschaft des Altertums. Doch konfuser Umgang mit dem Wissen, das traditionsgemäß die Priester innehatten, und die Schwäche, die einem Erbfolgesystem der priesterlichen Übertragung eigen ist, ließen die Spiritualität der Priesterschaft allmählich verflachen. Wie beim Bettelmönch definierte Buddha daher den Begriff des Priesterlichen neu. Der basierte nicht mehr auf der ererbten Kastenzugehörigkeit, sondern auf der Entwicklung besonderer Eigenschaften von Charakter und Verhalten, und hierbei unterschied er ebenfalls sorgsam das Wesen der inneren Wirklichkeit von äußerlich zur Schau gestellter Frömmigkeit.

Gautama Buddha hat die Definition von Priesterlichkeit abstrakter gemacht und sie geläutert, indem er den Charakter und die spirituelle Entwicklung zu ihrer Grundlage gemacht hat statt soziale Klassenzugehörigkeit. Ein Brahmane zu sein bedeutete traditionell, daß man in die Brahmanenkaste hineingeboren worden war, doch Buddhas Definition basiert nicht auf der Kaste, sondern auf Meisterung und Läuterung der individuellen Eigenheiten. Die brahmanische Priesterschaft hatte, da sie in der traditionellen hinduistischen Gesellschaft die vornehmste Kaste war, zu Buddhas Zeiten so sehr an ökonomischer und politischer Macht gewonnen, daß sie nicht mehr in der Lage war, ihrer angestammten Aufgabe der religiösen Führung auf einem angemessenen Niveau nachzukommen. Das heißt, die brahmanische Kaste produzierte vor allem Nachkommen, die genau umrissene soziale und persönliche Erwartungen hegten, und war nicht imstande, weiterhin genügend viele Menschen von authentischer Spiritualität hervorzubringen, die das höhere Leben der Gemeinschaften hätten leiten können. Dies war wahrscheinlich ein Grund dafür, daß zu Gautama Buddhas Zeit in Indien jüngere spekulative und kontemplative Schulrichtungen aller Art so zahlreich waren.

1. Mach der Flut ein Ende, o Priesterlicher; gib dir Mühe, vertreib die Begierde. Kennst du die Aufhebung von Bedingtheit, dann kennst du das Nicht-Erschaffene.
2. Bei dem Priesterlichen, der bei zwei Prinzipien ans Ziel gelangt ist, bei dem Verständigen, hat es mit allen Fesseln ein Ende.

Eine Interpretation von »bei zwei Prinzipien ans Ziel gelangt« besagt, daß die Vollendung im »Anhalten und Sehen« gemeint ist (Sanskrit: *Shamatha-Vipashyanā*, Pāli: Shamatha-Vipassanā), was im wesentlichen Täuschung anhalten und Wahrheit sehen bedeutet. Auf einer anderen Bedeutungsebene werden die »zwei Prinzipien« als Wissen und Handeln gedeutet (Sanskrit: *Vidyā-Charana*, Pāli: Vijjā-Charana), wobei auf die Integration der Anschauungs- und Aktivitätsaspekte von Erleuchtung Bezug genommen wird.

3. Jemand, für den es weder das Jenseits noch das Weltliche gibt, noch sowohl Transzendenz als auch Weltlichkeit, jemand, der frei ist von Not, ungehindert – von so jemandem sage ich, er sei priesterlich.

»Weder das Jenseits noch das Weltliche, noch sowohl Transzendenz als auch Weltlichkeit« ist eine typische Weise der Annäherung an den Größeren Weg. Im Zen wird diese Art der Übung folgendermaßen umschrieben: »Übernehmt die Kontrolle über die Brücke, die niemand umgehen kann, und laßt weder das Weltliche noch das Geheiligte passieren.« Dieser Ansatz entspricht der *Prajñāpāramitā*, der »Über alle weltliche Bedingtheit hinausgelangten Weisheit« – Rückgrat des geschriebenen *Dharmakaya*, d.h. der Sammlung buddhistischer Unterweisungen. Man findet ihn gewöhnlich in der Tiantai-, der Zen-Schule und anderen Schulen des Größeren Weges.

4. Meditativ, leidenschaftslos, in sich ruhend, vollkommen entwickelt, frei von Zwang, jemand, der das höchste Ziel erreicht hat – von so jemandem sage ich, er sei priesterlich.
5. Am Tag erstrahlt die Sonne, der Mond erhellt die Nacht; der Krieger erstrahlt in der Rüstung, der Priesterliche erstrahlt in der Meditation. Doch der Buddha erstrahlt Tag und Nacht im Glanz seiner lichten Energie.

Über die Meditation und selbst über die höchsten Zustände ekstatischer Entrückung hinauszugehen, war *die* Schwelle, die der Buddha auf seinem Weg der Befreiung überschritt. Dies wurde später zum Kennzeichen der Praxis all derer, die wahrhaft in seine Fußstapfen traten.

6. Wer Schlimmes abwendet, der wird als priesterlich bezeichnet; wer mit Gleichmut handelt, der wird als Asket bezeichnet. Wer seine Unlauterkeit hinter sich gelassen hat, von dem heißt es, er übe Entsagung.
7. Niemand sollte den Priesterlichen angreifen, noch sollte der Priesterliche zurückschlagen, wenn er angegriffen

wird; wehe dem Mörder des Priesterlichen, und wehe dem, der seinem Zorn freien Lauf läßt.

8. Nichts ist besser für den Priesterlichen, als den Geist von Dingen abzuhalten, die ihm lieb sind. Wo auch immer Launenhaftigkeit sich legt, da nimmt das Leiden ein Ende.
9. Wer auch immer körperlich, mit Worten oder im Geist kein Unrecht tut, wer sich in dieser dreifachen Hinsicht unter Kontrolle hat – so jemanden bezeichne ich als priesterlich.
10. Wer die vom vollkommen erleuchteten Buddha gelehrte Wahrheit verstanden hat, der sollte ebenso ehrerbietig behandelt werden, wie der Priester das zeremonielle Feuer behandelt.
11. Priesterlich wird man nicht durch verfilztes Haar, durch Zugehörigkeit zu einer Linie oder durch Geburt; jemand, in dem Wirklichkeit und Wahrheit vorhanden sind, ist gesegnet und priesterlich.
12. Was nützt dir verfilztes Haar, du Narr? Was nützt es dir, dich in Fell zu kleiden? Wiewohl du innerlich verwirrt bist, kehrst du eine äußere Fassade hervor.
13. Gekleidet in abgetragene Lumpen, so dürr, daß die Venen durch die Haut hindurch zu sehen sind, und allein im Wald meditierend – so jemanden bezeichne ich als priesterlich.

Der Buddha hatte nichts gegen zeitweilig geübte Enthaltsamkeit zur Abklärung eines leidenschaftslosen Wahrnehmungsvermögens. Allerdings rügte er das sentimentale *Schwelgen* in Enthaltsamkeit, welches dazu dient, von den Leichtgläubigen Almosen zu ergattern oder sich selbst besonders fromm fühlen und wichtig nehmen zu können.

14. Ich bezeichne jemanden nicht seiner Herkunft oder seiner Mutter wegen als priesterlich; so jemanden nennt man arrogant, und er ist besitzergreifend. Wer nicht besitzergreifend ist und nicht anhaftet – so jemanden bezeichne ich als priesterlich.

In einem weiter gefaßten Sinn besagt dies auch, daß Stolz auf eine ererbte gesellschaftliche Stellung, zu der man nichts getan hat, Arroganz und Besitzanmaßung ist.

15. Wer alle Fesseln durchgeschnitten hat und daher niemals erregt ist, wer über Anhaftung hinausgelangt und gelöst ist – so jemanden bezeichne ich als priesterlich.
16. Wer den Gurt und den Riemen und die Kette und alles andere Zaumzeug gekappt hat, wer die Barriere beseitigt hat – so jemanden bezeichne ich als priesterlich.

Das »Zaumzeug« und die »Barriere« beziehen sich auf die Fesseln des Egoismus und auf die Objekte von Besitzgier und Wichtigtuerei.

17. Wer, obgleich er schuldlos ist, Verurteilung und Einkerkerung auf sich nimmt, wessen Macht in Toleranz und wessen Armee in seiner inneren Stärke besteht – so jemanden bezeichne ich als priesterlich.

Aus einem spirituellen Blickwinkel erweist sich das Leben auf Erden, das Leben unter irdischen Bedingungen, seinem Wesen nach als »Verurteilung und Einkerkerung«. So betrachtet, ist die in dieser Passage beschriebene Haltung ein möglicher Ausweg aus dem Elend auf dieser Welt.

18. Wer nicht zornig wird, wer religiöse Gelübde und die Grundsätze einwandfreien Verhaltens anderen gegenüber getreu einhält, wer hilfsbereit, beherrscht und zum letzten Male wiedergeboren ist – so jemanden bezeichne ich als priesterlich.

Wenn sie hören, sie sollten sich nicht an Begierden klammern, glauben einige Menschen fälschlicherweise, dies bedeute, sie sollten Begierden *unterdrücken*. Da der Versuch des Unterdrückens eine Form des Anhaftens ist, muß das Unterfangen scheitern. Wer auf diese Weise scheitert und deshalb meint, der Buddhismus werde seiner Aufgabe nicht gerecht oder verlange etwas Unmögliches, illustriert nur, wie problematisch eine dogmatische Fixierung auf halbverstandene Wahrheiten ist.

19. Wer sich nicht an Begierden klammert, wer darin ist wie Wasser, das von einem Lotosblatt abtropft, oder wie ein Senfkorn, das von der Spitze einer Nadel rollt – so jemanden bezeichne ich als priesterlich.
20. Wer hier in dieser Welt seinem Leiden ein Ende macht, seine Bürde ablegt und an nichts haftet – so jemanden bezeichne ich als priesterlich.
21. Den Weisen von tiefgründiger Einsicht, der weiß, was zum Ziel führt und was nicht, der das höchste Ziel erreicht hat – so jemanden bezeichne ich als priesterlich.
22. Wer sich weder mit häuslich eingerichteten Menschen zusammentut, noch mit solchen, die ganz auf Askese ausgerichtet sind, wer nicht ein eigenes Dach über dem Kopf begehrt und wenige Wünsche hat – so jemanden bezeichne ich als priesterlich.

Offenkundig war der Buddha nicht der Ansicht, das Besuchen ausgefallen schöner Ashrams werde zu innerem Frieden führen.

23. Wer weder selbst tötet noch andere für sich töten läßt, da er den sich bewegenden wie den ortsgebundenen Kreaturen gegenüber der Gewalt entsagt hat – so jemanden bezeichne ich als priesterlich.

Mit »ortsgebundenen Kreaturen« sind solche Daseinsformen gemeint wie Bäume, Büsche und so weiter.

24. Wer nicht feindselig ist inmitten der Feindseligen, wer friedlich ist inmitten derer, die von Waffen starren, wer inmitten der Besitzgierigen an nichts haftet – so jemanden bezeichne ich als priesterlich.

Zu Buddhas Zeit weiteten sich die arischen Eroberungszüge, die das alte Indien erfaßt hatten, immer mehr aus; die Clans aus der Kshatriya-Kaste der Krieger und Verwalter und die Clans aus der Brahmanen-Kaste der Priester gaben einander Rückendeckung bei der auf Territorialgewinn ausgerichteten Kriegsführung.

25. Jemand, von dem Leidenschaft, Wut, Stolz und Verachtung abgefallen sind, wie ein Senfkorn von der Spitze einer Nadel fällt – so jemanden bezeichne ich als priesterlich.
26. Wer Worte spricht, die nicht grob sind, sondern lehrreich und wahr, und die niemanden verletzen – so jemanden bezeichne ich als priesterlich.

Im *Daodejing* heißt es: »Ist sie leeres Gerede, die alte Redensart, daß Taktgefühl dich heil erhält? Wenn die Wahrhaftigkeit vollkommen ist, macht sie davon immer noch Gebrauch.«

27. Jemand, der auf dieser Welt nichts nimmt, was ihm nicht gegeben wurde, sei es lang oder kurz, klein oder groß, gut oder schlecht – so jemanden bezeichne ich als priesterlich.
28. Jemand, der kein Verlangen nach dieser Welt oder einer anderen hat, der von Anhaften frei und auch nicht auf Losgelöstheit aus ist – so jemanden bezeichne ich als priesterlich.

Offensichtlich waren viele der hinduistischen Yogis dem Verlangen nach anderen Welten in die Falle gegangen. Alles Verlangen nach anderen Welten aufzugeben, ist ein Kennzeichen buddhistischer Unterweisung, Praxis und Erleuchtung.

29. Jemand, der – durch vollkommenes Wissen vom Zweifel befreit – von nichts mehr abhängt, der das Eintauchen in den Nektar der Unsterblichkeit erreicht hat – so jemanden bezeichne ich als priesterlich.
30. Wer auf dieser Welt über Rechtschaffenheit wie auch über Sünde hinausgelangt ist, wer unbekümmert, leidenschaftslos und geläutert ist – so jemanden bezeichne ich als priesterlich.

Über Rechtschaffenheit hinausgelangen heißt nicht untätig sein, sondern darüber hinausgelangen, daß man erwartet und verlangt, Rechtschaffenheit vergolten zu bekommen. Dieses »Darüber-Hinausgelangen« ist ein Zugang zum Größeren Weg. Bei den daoistischen Huainan-Meistern heißt es: »Eine große Sache daraus machen, daß man Gutes tut, ist, als mache man eine große Sache daraus, daß man Schlechtes tut – beides ist dem *Weg* nicht nahe.«

31. Unbefleckt und makellos wie der Mond, gelöst und unerschüttert – jemanden, bei dem Verlangen nicht mehr auftritt, bezeichne ich als priesterlich.
32. Wer über diesen schlammigen Pfad hinausgelangt ist, über diese mühselige gewohnheitsmäßige Verblendung, der Meditative, der hinübergegangen ist, es transzendiert hat, der frei ist von sinnlicher Begierde, ohne einen Zweifel, der sich an nichts mehr klammert, vollkommen gelöst – so jemanden bezeichne ich als priesterlich.

33. Jemand, der ohne Unterschlupf seinen Weg geht, der alle Sehnsucht auf dieser Welt aufgegeben hat, jemand, bei

dem die Sehnsucht auch nicht wiederkehrt – so jemanden bezeichne ich als priesterlich.

34. Jemand, der ohne Unterschlupf seinen Weg geht, der alles Verlangen auf dieser Welt aufgegeben hat, jemand, bei dem das Verlangen auch nicht wiederkehrt – so jemanden bezeichne ich als priesterlich.

»Ohne Unterschlupf« bedeutet im spirituellen Sinn zu keinerlei Illusionen Zuflucht nehmen, für die Wirklichkeit offen, der Wahrheit ausgesetzt sein.

35. Wer frei von jeglicher Verstrickung ist, wer die Verstrickung in das Menschliche abgelegt und die Verstrickung in das Göttliche überschritten hat – so jemanden bezeichne ich als priesterlich.

36. Der Held, der die ganze Welt überwunden hat, indem er Vergnügen und Mißvergnügen aufgegeben hat, ruhig und ohne an etwas festzuhalten – so jemanden bezeichne ich als priesterlich.

»Vergnügen und Mißvergnügen aufgegeben haben« bedeutet: aus freiem Willen und voller Entschlossenheit zu leben, statt, von launenhaften Umständen motiviert, ständig nur nach eigenem Wohlbehagen und Vergnügen zu trachten, Mißvergnügen hingegen zu meiden.

37. Wer um das Vergehen und Entstehen der Lebewesen allüberall weiß, ohne darauf fixiert zu sein, wer den rechten Weg gegangen und erwacht ist – so jemanden bezeichne ich als priesterlich.

»Um das Vergehen und Entstehen der Lebewesen wissen« heißt, des gleichzeitigen Vorhandenseins der Vergänglichkeit und des Fortbestehens von Gewohnheiten gewahr zu sein, zu wissen, daß alles vorübergeht, während man ebenfalls darüber Bescheid weiß, wie die Dinge ihren Anfang nehmen.

38. Jemand, dessen Weg für Götter, Geistwesen und Menschen unergründlich ist, der Verehrungswürdige, bei dem die Zwänge aufgehört haben – so jemanden bezeichne ich als priesterlich.

In klassischen Zen-Texten wird der Weg gepriesen, den »kein himmlisches Wesen erkennen kann, um dir Blumen zu streuen, und den kein Dämon und kein Uneingeweihter jemals erblickt«.

39. Jemand, für den es zuvor, danach oder in der Zwischenzeit überhaupt nichts gibt, der nichts hat und an nichts hängt – so jemanden bezeichne ich als priesterlich.

Im *Vajrachchedikā-Prajñāpāramitā-Sūtra* heißt es: »Den vergangenen Geist bekommt man nicht zu fassen, den gegenwärtigen Geist bekommt man nicht zu fassen, den zukünftigen Geist bekommt man nicht zu fassen.« Dies ist nicht nur eine metaphysische Wahrheit, sondern auch eine Übung der Geisteshaltung, in der man sich versucht haben muß, um diese Zeilen würdigen zu können.

40. Der Edle, der Hervorragende, der Heldenhafte, der große Seher, der Siegreiche, der Leidenschaftslose, der Geläuterte, der Erwachte – so jemanden bezeichne ich als priesterlich.

41. Jemand, der über die Orte früheren Daseins Bescheid weiß, der Paradies und Hölle sieht, der in höherem Wissen beheimatete Weise, der das Ende des Geboren-Werden-Müssens erreicht hat, der alles vollbracht hat, was zu vollbringen ist – so jemanden bezeichne ich als priesterlich.

Mit der Kenntnis von Orten früheren Daseins, einer Fähigkeit, die üblicherweise Buddhas und buddhistischen Heiligen zugeschrieben wird, ist die Einsicht in den Bestand der eigenen Erfahrungen und derjenigen von anderen gemeint sowie in die Art, wie wir unsere Erfahrungen gemacht und verdaut haben, oder wie wir sie nicht verdaut und darunter gelitten haben.

Dies ist nicht das Ende des *Dhammapada*. Das *Dhammapada* ist ein Rad, nicht eine Linie. Gehen Sie jetzt zurück an den »Anfang«.

William Hart

Die Kunst des Lebens

Vipassana-Meditation nach S. N. Goenka

Aus dem Amerikanischen von
Heinz Bartsch

Band 12991

Vipassana, ein Wort aus dem altindischen Pali, bedeutet »die Dinge zu sehen, wie sie sind«. Es ist die Essenz der Lehre des Buddha. Vipassana ist die Wissenschaft vom Geist und der Materie und der Art, wie beide miteinander verknüpft sind. Als Vipassana-Schüler lernt man, die eigene Natur zu beobachten. Dazu muß man sich selbst erforschen und die eigenen geistigen und körperlichen Prozesse erkennen und verstehen lernen. Diese direkte Erfahrung der eigenen Realität, diese Technik der Selbstbeobachtung ist die Vipassana-Meditation. Im Laufe dieser tiefgreifenden Schulung des Geistes lernt der Meditierende, sich nach und nach von seinen geistigen Verspannungen, Konditionierungen und Illusionen zu befreien. Man lernt eine »Kunst zu leben«, mit der man beginnt, die natürlichen Qualitäten des Geistes zu entwickeln: Liebe, Mitgefühl, Freude, Gleichmut. Konkrete Fragen von Schülern und Antworten von S. N. Goenka am Ende der Kapitel zeigen die praktische, einfache und hilfreiche Natur der Vipassana-Meditation.

Fischer Taschenbuch Verlag

fi 5102 / 2

Ravi Ravindra

Mystisches Christentum

Das Johannesevangelium im Licht fernöstlicher Weisheit

Aus dem Amerikanischen von Hans-Georg Türstig

Band 13029

Von einer in äußeren Formen und dogmatischen Glaubenssätzen erstarrten Amtskirche enttäuscht, haben sich viele Westler, die eine spirituelle Orientierung suchen, östlichen Meditationswegen zugewendet. In diesem Buch zeigt ein indischer Kenner östlicher Religionen, daß das Licht mystischer Erfahrung, das viele im Orient suchen, auch im Herzen der christlichen Tradition zu finden ist – wenn man ihre Quellen vom Standpunkt innerer religiöser Erfahrung und nicht nur vom oberflächlichen Wortlaut zu interpretieren versteht. Ohne die Enge theologischer Schriftgelehrtheit und kirchlicher Dogmatik interpretiert der Autor das Johannesevangelium vor dem Hintergrund der uralten Weisheitslehren des Ostens. So gewinnt das Johannesevangelium – jenseits von christlichen »*Allein*gültigkeitsansprüchen« – eine *allgemein*gültige, universale Dimension, deren Verständnis uns die meisten christlichen Sonntagspredigten und theologischen Abhandlungen eher verbaut als erleichtert haben. Und so ist es gerade der Blick aus der kulturellen Distanz, der uns die mystische Tiefe und die kulturübergreifende Relevanz dieser heiligen Schrift auf eine für Christen wie für Freunde östlicher Weisheit inspirierende Weise vor Augen führt.

Fischer Taschenbuch Verlag

fi 5103 / 2

Die Weisheit der Upanischaden

Klassiker indischer Spiritualität

Herausgegeben und ins Deutsche übersetzt von Hans-Georg Türstig

Band 12896

Die Upanischaden haben seit über zweitausend Jahren das Leben, das Denken und den Glauben von Millionen von Menschen entscheidend geprägt. Als Abschluß und Krönung der großen vedischen Literatur Indiens enthalten sie Lehren, die in einer ungebrochenen mündlichen Tradition von Generation zu Generation überliefert und weiterentwickelt wurden, ehe sie in der uns heute bekannten Form schriftlich niedergelegt wurden. Der ganze Reichtum der indischen Weisheitstradition hat in diesen Schriften Niederschlag gefunden. Sie geben Auskunft über das Wesen des Göttlichen und der Welt; über den Atman, die unsterbliche individuelle Seele, und ihre Identität mit Brahman, der Weltseele; über die verschiedenen Wege und Methoden des Yoga, die zur Erlösung und Verwirklichung von Sat-Chit-Andanda, von »Sein-Bewußtsein-Glückseligkeit« führen. »Die Upanischaden sind die belohnendste und erhebendste Lektüre, die auf der Welt möglich ist«, sagte Arthur Schopenhauer, dem diese Texte selbst nur in einer unzulänglichen Drittübersetzung zugänglich waren. Die hier vorgelegte zeitgemäße Neuübertragung der wichtigsten Upanischaden aus dem Sanskrit-Original macht deutlich, daß diese Klassiker der östlichen Weisheit bis heute nichts von ihrer Relevanz für jeden Wahrheitssuchenden eingebüßt haben.

Fischer Taschenbuch Verlag

fi 5105 / 2

Thomas Cleary

Die Drei Schätze des Dao

Basistexte der inneren Alchemie

Aus dem Englischen
von Ingrid Fischer-Schreiber

Band 12899

Vitalität, Energie und Belebender Geist sind die zentralen Konzepte der uralten chinesischen Kunst der Harmonisierung von Körper, Geist und Seele. Von den Daoisten, die diese Kunst über Jahrtausende entwickelt und verfeinert haben, werden sie die »Drei Schätze« genannt, denn auf ihnen basiert unser Leben, unsere Gesundheit und unsere körperliche und geistige Entwicklung. Diese Drei Schätze sind auch die Grundpfeiler jener von daoistischen Weisen entwickelten Disziplinen, die heute im Abendland so großes Interesse finden. Der vorliegende Band versammelt Auszüge aus chinesischen Quellentexten, die die Theorie der Drei Schätze und die Möglichkeiten ihrer praktischen Umsetzung darlegen. Der Bogen spannt sich dabei über zweieinhalb Jahrtausende von den berühmten Klassikern der Väter des Daoismus (Laotse, Chuang-tzu u. a.) über Parabeln und satirische Lehrgeschichten von geheimnisvollen daoistischen Magiern, die Unterweisungen der chinesischen Alchemisten des Altertums sowie Anleitungen zur Komtemplation und Meditation bis hin zu den Lehren zeitgenössischer daoistischer Adepten. Für jeden, der sich für die philosphischen und spirituellen Lehren Chinas und ihre praktische Anwendung in Medizin, Energiearbeit und meditativer Schulung interessiert, ist dieser Band eine Fundgrube von zum größten Teil erstmals ins Deutsche übersetzten Basistexten.

Fischer Taschenbuch Verlag

fi 5104 / 2

Thomas E. Mails

Ich singe mein Lied für Donner, Wind und Wolken

Das Leben von Fools Crow

Aus dem Amerikanischen von Gisela Merz-Busch

Band 13032

Frank Fools Crow (ca. 1890-1989) war einer der letzten großen Häuptlinge und Medizinmänner der Teton-Sioux. Der Neffe und Schützling des berühmten Häuptlings Black Elk (Schwarzer Hirsch), dessen Erinnerungen *Ich rufe mein Volk* und *Die heilige Pfeife* zu den Klassikern der Indianerliteratur gehören, wurde kurze Zeit nach dem Massaker am Wounded Knee im Jahre 1890, einem historischen Wendepunkt im Leben der nordamerikanischen Indianer, geboren. Sein wechselvolles Leben umfaßt ein Jahrhundert, in dem sein Volk durch dramatische Veränderungen und Krisen ging. In einer Vision erhielt der alte Häuptling den Auftrag, sein Wissen um die heiligen Überlieferungen seines Stammes in schriftlicher Form zu bewahren, und ließ es deshalb von Thomas Mails aufzeichnen. Das geistige Vermächtnis dieses großen Häuptlings ist ein außerordentliches historisches Dokument und zugleich eine Quelle der Weisheit für alle Indianer und Nicht-Indianer, die von der »ökologischen Spiritualität« der alten indianischen Überlieferungen lernen wollen.

Fischer Taschenbuch Verlag

fi 5100 / 2

fi 5110 / 1 b